歴史文化ライブラリー

324

歴史人口学で読む江戸日本

浜野 潔

吉川弘文館

目　次

歴史人口学の半世紀――プロローグ

歴史人口学

歴史人口学という研究分野がある。第二次世界大戦後にフランスで生まれた学際的な研究分野であるが、最近では「過去数十年、社会科学においてもっとも急速に成長した分野の一つ」といわれるほど、さまざまな分野の研究者が注目し、世界中に広がりを見せている（Reher and Schofield, *Old and New Methods in Historical Demography*）。

過去の人口を調べる研究がなぜ、それほど注目されているのだろうか。歴史人口学は、広い意味では過去の人口全般に関わる研究であるが、より正確にいえば集計値としての人口だけではなく、人口を構成する家族、特に夫婦と未婚の子供からなる「夫婦家族」に注目する点に特徴がある。つまり、家族の中で起こるさまざまな人口行動、すなわち、出産・結婚・死亡・移動といった個人のライフコースを明らかにする研究なのである。欧米では、広い意味での人口の歴史を人口史《ポピュレーション・ヒストリー》というのに対して、この新しい分野を歴史人口学《ヒストリカル・デモグラフィー》といって区別している。

家族や個人の人口に関わる指標は、現代の社会生活にとってもきわめて重要である。たとえば近年、日本では少子化やそれに伴う人口構造の変動が大きな社会問題となってきた。少子化は出産行動だけの問題ではなく、結婚行動が深く関係していることもよく知られている。こうした人口指標を正確にとらえると同時に、将来の変動を予測することが経済政策・社会政策を組み立てるうえで大切なことはいうまでもない。

人口指標はまた、過去の歴史を検証するうえでもきわめて重要となることがある。たとえば、新型インフルエンザのような人類全体の脅威に対しては、過去の死亡パターンを分析して対応策を検討することも大きな意味を持つだろう。しかし、このようなマイクロレベルの人口データが整備されるのは欧米においても一九世紀後半以降のことであり、それ以前、特に国勢調査が行われる前の人口を詳細につかむことはほとんど不可能だと誰もが考えていた。

家族復元法

一九五〇年代、この「常識」を打ち破る研究がフランス国立人口研究所のルイ・アンリによって行われた。彼が発明した新しい研究方法は、キリスト教の教会で作成される「教区簿冊《きょうくぼさつ》」(parish register) という史料を用いて、さまざまな人口指標を算出するという方法であった。教区簿冊とは信者の洗礼・結婚・埋葬をそれぞれ別に記録し書き継いだ帳簿であり、ヨーロッパのキリスト教会には必ず備えられている。アンリは、このようなばらばらな個人の記録から個人の名前をてがかりとして、前近代の家族を復元する方法（家族復元法）を思いついたのである。

たとえば、洗礼記録には生まれて間もない子供の名前とともに、両親の名前が記載されている。このような記録を夫婦単位にまとめれば、出産の過程を明らかにすることができるだろう。さらに、洗礼記録をずっとさかのぼってゆけば、両親の生まれた年をつきとめて、そこから結婚や出産時の年齢を知ることも可能である。同様にして、埋葬記録からは、家族一人ひとりの死亡年月が判明する。このような記録を連続して復元することにより、前近代の人びとの結婚年齢・婚姻出生率・乳幼児死亡率のような人口指標が長期にわたって計算可能となったのである。

歴史人口学が登場するまで、前近代社会は多産多死の社会であるというのが常識であった。すなわち、ロバート・マルサスが『人口論』で描いたような早婚で出生率が高く、また死亡率も高いという社会である。したがって、人口における近代化とはこのような多産多死社会からの脱却であると考えられていた。

ところが、アンリが測定した前近代フランスの人口指標は、予想とは逆に晩婚で、その結果として出生数もさほど多くなく、しかも都市住民の間ではある種の出生制限が行われていたことを示していた。歴史人口学の誕生により、これまで暗闇の中にあった前近代の、ふつうの人びとの姿が少しずつ浮かび上がってきたのである。

もちろん、今までの歴史研究が一般の人びとを取り扱ってこなかったわけではない。たとえば、権力者と対抗した人びとの姿は民衆史の中で数多く取り上げられている。しかし、大多数の人びとは、必ずしも歴史史料に名前を残しているわけではない。歴史人口学は、一部の特別な人だけではなく、すべての人を等しく扱うという点で、これまでの歴史研究とは根本的に異なるものなのである（速水融編『歴史人口学と家族史』）。

宗門改帳

ヨーロッパの歴史研究に大きなインパクトを与えた歴史人口学は、たまたまその地に留学中であった速水《はやみ》融《あきら》（当時、慶応義塾大学助教授）によって一九六〇年代半ばに日本に伝えられる。非キリスト教国である日本には、残念ながら教区簿冊が一般には存在しない。しかし、そのまさにキリスト教を禁止する目的で作られた史料が、日本には大量に残されていた。「宗門改帳《しゅうもんあらためちょう》」（図1）とよばれる史料である（速水融『歴史人口学で見た日本』）。

一六世紀、ポルトガル人の来航によって日本の存在がヨーロッパ人に明らかになると、貿易商といっしょに多くの宣教師が日本にやってきた。キリスト教の布教は九州を中心に大きな成功を収め、やがて大名の間にも信徒となるものが続出した。こうした勢力の拡大に危惧を抱いた豊臣秀吉は、一五八七年（天正一五）、伴天連《バテレン》追放令を出して初めて布教に対する制限を加える。この禁令は一六一四年（慶長一九）に、徳川家康がキリスト教禁止令を出したことによって、より徹底的なものとなった。やがて、村や町を単位に宗門改とよばれる信仰調査を行うところが現われ、その報告書である宗門改帳が領主に提出されるようになる。今日残るもっとも古い宗門改

図1　西条村の宗門改帳
（立教大学図書館所蔵）

帳は、「長崎平戸《ひらど》町人別《ちょうにんべつ》帳」（一六三四年）や「（美濃《みの》国）安八郡楡俣村《あんぱちぐんにれまたむら》宗門改帳」（一六三八年）など一六三〇年代にまでさかのぼる。

最初のうち、こうした作成命令は幕府領を中心としたものだったが、一六三七年（寛永一四）に勃発した島原の乱をきっかけに導入に踏みきる藩が増えるようになった。そして、ついに一六七一年（寛文一一）、幕府は全国の諸藩に宗門改帳の作成を義務づける御触《おふれ》を出したので、以後、原則として全国の町村で――ただし、藩によっては例外もあるが――毎年、宗門改帳の作成が行われたのである。なお、この制度は幕府が消滅し明治新政府が成立してもしばらく続いており、一八七一年（明治四）に戸籍法が作られて翌七二年から全国一律の戸籍へと引き継がれることにより廃止となった。

宗門改帳は家ごとに、一人ひとりがどの仏教寺院に所属しているのか明らかにし、キリスト教の信者ではないことを証明する文書であるが、作成を命じられたのは町や村の庄屋・名主であり、寺などの宗教施設ではなかった。したがって、宗門改帳には檀那寺《だんなでら》が異なっていても同じ町村の住民全員が記録されることになる。そこで幕府や諸藩は、実用上の機能として宗門改帳に住民台帳としての役割も併せ持たせるようになった。そのため、純粋に宗門改の目的であれば不要と思われる情報、たとえば、年齢・出身・奉公先・引越先・死因などの人口情報、あるいは、持高・牛馬・職業などの経済情報も記載するケースが増えてくる。このような付加情報が多いほど、歴史史料としての価値が高まることはいうまでもない。

宗門改帳は年に一回、決められた月に二部作成され、一部は領主に提出し、もう一部は町や村の控えとして残された（ただし、京都のように途中から年に二回提出したり、あるいは、いくつかの藩のように数年に一度提出というところもあった）。しかし、ほとんどの藩は提出された宗門改帳を一定期間が過ぎると廃棄してしまい、また、町や村に残された控書も大部分はどこかの時点で処分されたと思われる。

しかし、中には長期にわたって宗門改帳を保存し、今日まで伝えたところもあった。宗門改帳の作成が全国的に行われたのは一六七一年から一八七一年までの二〇一年間に及んでいるが、その大部分が残されている村の事例もいくつか見つかっている。また、数十年から一〇〇年くらいの期間であれば、欠ける年がまったくないか、あるいは非常に少ないケースがかなり増える。このような事例は五万とも六万ともいわれる江戸時代の村の全体から見ればごく一部にすぎないが、全国的に見ると、少なくとも数十のオーダーに上ることが最近の研究によって明らかになってきた。

一九九〇年代後半、全国の研究者が京都の国際日本文化研究センターに集結して史料の収集・整理・分析を行う大規模な共同研究が行われた。ユーラシア人口・家族史プロジェクト（Eurasian Project on Population and Family History）とよばれるこの研究により、全国の村や町に残された宗門改帳が分析された結果、江戸時代の人びとの人口行動や家族形成の分析は大きく前進したのである（速水融「ＥＡＰプロジェクト」）。

かつては、江戸時代といえば停滞的で、変化に乏しく、農民が土地に縛られた時代というイメージが強かった。しかし、戦後の新しい歴史研究は、江戸時代の農業技術・市場構造・庶民教育、そして最近では官僚組織にいたるまで、革新的でダイナミックな変化があったことを明らかにしている。英語圏の研究者の間では、「封建制」という用語に変えて、「初期近代《アーリーモダン》」という形容詞で「江戸日本《トクガワジャパン》」をあらわすことが定着してきた。

歴史人口学が日本に導入されてからまもなく半世紀になろうとしている。宗門改帳という史料の分析で何が見えてきたのか。ヨーロッパと同様に日本においても歴史人口学は歴史観を変えるインパクトをもたらしたのだろうか。本書では、これまで蓄積された歴史人口学の成果をもとにして新しい江戸日本の姿を描いてみたい。歴史人口学が対象とするのは、けっして有名人の歴史ではない。しかし、江戸時代を生きていた日本人のありのままの姿が、その中から見えてくるはずである。

村の人口誌を読む

西条村の宗門改帳

立教大学が所蔵する古文書の中に、『美濃国《みののくに》安八郡《あんぱちぐん》西条《にしじょう》村西松家文書』という一群の史料がある。所蔵目録によると総点数は四二四四点となっているが、これ以外にも地元の大垣市立図書館に所蔵された文書があり、全体ではかなりの分量に上る。

美濃国西条村

江戸時代の西条村（現、岐阜県輪之内町西条）は、東海道本線の大垣駅を降りて南に三〇分ほどバスに乗ったあたりの農村地帯に位置する。この地域は木曽《きそ》川・長良《ながら》川・揖斐《いび》川が隣り合って流れており、往古から洪水に悩まされてきた。そこで、鎌倉時代末あたりから集落と農地を洪水から守るため、周囲に堤防を築き巡らす工事が行われるようになる。こうした堤防で囲んだ範囲はちょうど輪を平面に並べたような形になったので、輪中《わじゅう》とよばれている。洪水に悩まされる一方で、たえず滋養に富んだ新しい土が運ばれたため土壌は肥沃で、米の生産性が高い土地柄である。

ところで、この『西松家文書』の中に含まれる宗門《しゅうもん》改《あらため》帳《ちょう》は、その質・量いずれを取っても日本を代表する歴史人口学史料というべきものである。もっとも古いものは一七七三年（安永二）にさかのぼるが、そこから一八六九年（明治二）までの九七年間、一冊も欠けることなく、連続した宗門改帳が残されている。近世の後半に限られるとはいえ、欠年がまったくなく一〇〇年近く続いて残っている宗門改帳は非常に珍しい。

宗門改帳の記載様式

しかし、それ以上に価値があるのは、記載内容がきわめて詳しく、一般の宗門改帳には見られないような情報まで記載されていることである。試みに、ある年の宗門改帳の一部分を掲げてみる。

家壱軒　　当村　　水呑
一　東本願寺宗　　西福寺旦那　　豊八　　年五十弐才
　右同断
　同宗　　同寺旦那　　女房　　年四十三才

是ハ安八郡大藪《おおやぶ》村弥兵衛娘廿五年以前ニ縁付来申候

右同断　娘

同宗　同寺旦那　そね　年十七才

右同断　娘

同宗　同寺旦那　とよ　年十才

右同断　娘

同宗　同寺旦那　くの　年七才

男　壱人

〆①　五人内

女　四人

外ニ　娘

壱人　ゆく　年廿弐才

是ハ京都町方ニ奉公仕罷有《まかりあり》申候

宗門之儀ハ其所ニ而《て》御改ニ付判形除之《はんぎようはこれをのぞく》

倅

壱人　　　　　文三郎　年廿五才
是ハ京都木綿屋善兵衛方ニ奉公仕罷有申候
宗門之儀ハ右同断

娘
壱人　　　　るん　年廿一才
是ハ京都町方ニ奉公仕罷有申候
宗門之儀ハ右同断

娘
壱人　　　　とめ　年十四才
是ハ京都かしや新八方え六年以前養子ニ遣申候
宗門之儀ハ右同断

これは、一七八一年（天明元）三月に作成された宗門改帳の一部であり、豊八という水《みず》呑《のみ》百姓（田畑屋敷を所有しない無高の百姓）の家の家族構成が示されている。この文書がまず示しているのは、豊八の家が浄土真宗東本願寺派西福寺の檀家《だんか》だということだろう。宗門改帳の本来の目的は禁制のキリシタンではないという確認作業であったから、檀那寺《だんなでら》の記載と原本への証明印は必須の項目であった。逆にいえば、これ以外の情報は宗門改帳にとって付加的なものともいえる。実際、江戸時代初期の宗門改帳には檀那寺以外の項目があまり見られないが、人口台帳としての機能が重視されるにつれて、さまざまな事項を付け加える傾向が出てくる。

現住人口と流出人口

この点を踏まえつつ、豊八の家族について見ていくと、家族構成員が二つのグループに分けて書かれていることが分かるだろう。すなわち、第一のグループは、豊八、女房（近隣の大藪村出身）、娘のそね・とよ・くめの五人であり、真ん中にある〆《しめ》の合計人数（傍線①）に含まれている。これに対して、第二のグループは、娘ゆく・倅《せがれ》文三郎・娘るん・娘とめの四人であり合計人数には含まれていない。前者は現在、西条村に住んでいる宗門改の対象者であり、村の総人口に含まれる者である。一方、後者は現在、他の場所（ここではいずれも京都）に奉公に出ているか、あるいは養子に出された者であり、宗門改はその場所で行われ寺の証明印を受けるので村の総人口には含まれない。そのため、〆の次に別記されたわけである。

一般に宗門改帳は、研究者によって「現住地主義」とよばれている現在の住民票に近い様式のもの（現住人口を記載対象とする）と、「本籍地主義」とよばれている現在の戸籍に近い様式のもの（居住の有無を問わず家族全員を記載対象とする）の二種類がある。人口学的な分析は通常、現住人口について行われるので、現住地主義の宗門改帳の方が望ましいことになる。西条村の宗門改帳は現住人口がはっきり区別して書かれており、この点でまさしく人口分析に適した史料ということができる。しかし、本当に重要なのは、この史料が現住人口以外の他出者についても詳細に記載しているという点である。このような様式は西条村を含め、この地域の幕府領の中で大垣藩預り地となっている村々に共通するものであるが、他の地域ではまず見ることができない。

豊八の家の他出者のうち、ゆく・文三郎・るんの三人はいずれも出稼によって一時的に家を離れている者であり、村に戻る可能性を残した移動である。これに対して、とめは京都の菓子屋新八方へ養女に出した娘であり、完全に移動した者ということになる。西条村の宗門改帳は、このように結婚や養子といった理由で永続的に村を離れた者についても、その後の情報を死亡まで記載し続けるという特徴を持っている。つまり、現住人口に加えて原則としてすべての他出者まで記載されることから、西条村出身者全員のライフコースを追跡することさえもが可能なのである。

全国にわたって宗門改帳の調査を行い、日本の歴史人口学を確立した速水《はやみ》融《あきら》はこの西条村の宗門改帳を「最良の史料を有する一村」とおよび、研究の中心に据えた（『江戸の農民生活史』）。以下では、速水のパイオニア的研究に依拠しつつ、宗門改帳の分析手法を紹介することにしよう。

人口情報から見た江戸の村

データ処理の方法

宗門改帳《しゅうもんあらためちょう》は村や町の庄屋・名主の居宅で毎年一回作成され、一部を領主に提出したあと、控書が手元に残された。幕府の代官所や各藩に提出された正本は、ほとんどすべて廃棄されてしまったので、今日、利用できるのは大部分が副本として残された控書の方である。こうした史料の多くは、庄屋・名主の子孫の家に伝えられたものだが、今日では大学や公共図書館などに移管されるものも増えてきた。

歴史人口学者は、このような史料の山の中に、まとまった宗門改帳が含まれていないかどうか、たえず調査を行っている。近年、自治体史の編纂が全国津々浦々まで市町村単位で行われるようになり、新しい史料の発見が相次いだ。

利用可能な良質の宗門改帳が発見された場合、まず必要なことは、一冊ごと全頁の写真を撮影することである。古文書は貴重な歴史遺産であり、保存の重要性を考えれば、原本に触れる機会をできるだけ減らすことが必要だろう。コストはかかるが、撮影された写真をすべて焼き付けて製本すれば、研究上の利便性は飛躍的に高まることになる。

図2　西条村の百姓豊八家のBDS実例

家番号 73

20	21	22	23	24	25	計			馬	持高
とよ	そね	とめ	文三郎	るん	ゆく					
F	F	F	M	F	F					
娘	娘	娘	倅	娘	娘	男	女	計		
73-005	73-003	73-004	73-503	73-502	73-501					
		〈9〉x	〈20〉	〈16〉	〈17〉	1	4	5		0
		〈10〉	〈21〉	〈17〉	〈18〉	1	4	5		0
		〈11〉	〈22〉	〈18〉	〈19〉	1	4	5		0
		〈12〉	〈23〉	〈19〉	〈20〉	1	4	5		0
		〈13〉	〈24〉	〈20〉	〈21〉	1	4	5		0
		〈14〉	〈25〉	〈21〉	〈22〉	1	4	5		0
		〈15〉	〈26〉	〈22〉	〈23〉	1	4	5		0
	〈19〉	〈16〉	〈27〉	〈23〉	〈24〉	1	4	5		0
	〈20〉x	〈17〉	〈28〉	〈24〉	〈25〉	1	4	5		0
	〈21〉	〈18〉	〈29〉	〈25〉x	〈26〉x	1	4	5		0
〈15〉	〈22〉	〈19〉	〈30〉	〈26〉	〈27〉。	1	3	4		0
〈16〉	〈23〉	〈20〉	〈31〉	〈27〉	〈28〉	1	3	4		0
〈17〉	〈24〉	〈21〉	〈32〉	〈28〉。	〈29〉△	1	3	4		0
〈18〉	〈25〉	〈22〉	〈33〉	〈29〉	〈30〉xx	1	3	4		0
	〈26〉。	〈23〉	〈34〉	〈30〉△	〈31〉	1	4	5		0
〈20〉x	〈27〉	〈24〉	〈35〉	〈31〉	〈32〉	1	3	4		0
〈21〉	〈28〉	〈25〉	〈36〉	〈32〉xx	〈33〉	1	3	4		0
〈22〉	〈29〉	〈26〉	〈37〉	〈33〉	〈34〉	1	3	4		0
〈23〉。	〈30〉	〈27〉	〈38〉	〈34〉	〈35〉	1	3	4		0
〈24〉	〈31〉	〈28〉	〈39〉	〈35〉	〈36〉	1	3	4		0
〈25〉	〈32〉	〈29〉	〈40〉	〈36〉	〈37〉	2	3	5		0
〈26〉	〈32〉	〈30〉	〈41〉	〈37〉	〈38〉	3	2	5		0
〈27〉	〈33〉	〈31〉	〈42〉	〈38〉	〈39〉	3	2	5		0
〈28〉	〈34〉	〈32〉	〈43〉	〈39〉	〈40〉	3	3	6		0
〈29〉	〈35〉	〈33〉	〈44〉	〈40〉	〈41〉	3	3	6		0
×多芸郡根古地村浅右衛門奉公　○勢州冨田村へ縁付	×里村半左衛門奉公　○大坂町方奉公	×京都かしや新八方へ養子遣	京都町方木棉問屋善兵衛奉公	京都町方奉公　×竹ケ鼻織屋嘉平奉公　○竹ケ鼻萬屋安右衛門方へ縁付　△大垣新町米屋角右衛門奉公、奉公引　××多芸郡高田町太兵衛方へ縁付	京都町方奉公　×竹ケ鼻織屋嘉平奉公　○木戸村織屋奉公　△竹ケ鼻織屋奉公　××中島郡堀津村清兵衛方へ縁付					

美濃国　安八郡　西条村

	1	2	3	4	5	6	7	8	9	10	11	12	13	14	15	16
名	豊八	女房	そね	とよ	くの	とよ	茂右衛門	倉吉	もん							
性別	M	F	F	F	F	F	M	M	F							
戸主との続柄		妻	娘	娘	娘	娘	養子	孫	孫							
	73-001	73-002	73-003	73-005	73-006	73-007	73-006	73-009	73-010							
安永 5年(1776)丙申	*47	38	12	5	2											
安永 6年(1777)丁酉	*48	39	13	6	3											
安永 7年(1778)戊戌	*49	40	14	7	4											
安永 8年(1779)己亥	*50	41	15	8	5											
安永 9年(1780)庚子	*51	42	16	9	6											
安永10年(1781)辛丑	*52	43	17	10	7											
天明 2年(1782)壬寅	*53x	44	18	11	8											
天明 3年(1783)癸卯	*54	45	x	12	9	2										
天明 4年(1784)甲辰	*55	46		13	10	3										
天明 5年(1785)乙巳	*56	47		14	11	4										
天明 6年(1786)丙午	*57	48		x	12	5										
天明 7年(1787)丁未	*58	49			13	6										
天明 8年(1788)戊申	*59	50			14	7										
天明 9年(1789)己酉	*60	51			15	8										
寛政 2年(1790)庚戌	*61	53		19。	16	9										
寛政 3年(1791)辛亥	*62	54			17	10										
寛政 4年(1792)壬子	*63	55			18	11										
寛政 5年(1793)癸丑	*64	56			19	12										
寛政 6年(1794)甲寅	*65	57			20	14										
寛政 7年(1795)乙卯	*66	58			21	15										
寛政 8年(1796)丙辰	*67	59			22x	16	28x									
寛政 9年(1797)丁巳	*68	60			23	x	29	2								
寛政10年(1798)戊午	*69	61			24		30	3								
寛政11年(1799)己未	*70	62			25		31	4	2							
寛政12年(1800)庚申	*71	63			26。		32	5	3x							
	×武右衛門		×福東村平助奉公、福東新田与平次奉公	×福東村平助奉公、福東村九郎左衛門奉公 ○奉公引	×茂右衛門女房 ○死去	×大垣御家中奉公	×当村藤右衛門婿ニ縁付 大吉新田藤七倅ヵ		×死去							

撮影された画像情報が手元に得られると、次は、その内容をできるだけ分かりやすい形でデータベース化することが必要となる。宗門改帳の情報は、年月日・年齢・持高など数量的な情報が多いが、このような情報は漢数字から洋数字に改めておく方が便利だろう。また、年度の異なる宗門改帳の間で共通する情報がリンクできれば、個人や家族の年次的な変化を追跡することもできる。

このような多様な要求を満たすデータベース化の方法として、日本の歴史人口学者は、速水《はやみ》融《あきら》の考案したＢＤＳ（Basic Data sheet＝基礎データシート）とよばれるコーディング・シートを長年使い続けてきた。ここで、ＢＤＳの実例を一つ示してみよう。二〇・二一ページの図2は、宗門改帳の例として取り上げた西条村の百姓豊八の家についてその一部を掲げたものである。

農民世帯の観察事例

まず、ＢＤＳの最上部には町村名と家番号が書かれている。家番号は、史料の登場順に機械的にふられる番号であり、この家には73の数字が与えられた。豊八の家は、史料の初年度から存在する家であるので、その年の宗門改帳の七三番目の家ということになる。なお、ある家から分家した場合には、本家との関係を明示することが望ましい。そのため、たとえば家番号1の分家であれば、1A・1B・

1C……というような番号を振ることにしている。1Aがさらに分家を出せば、1AAとなる。

なお、ここで家とよぶまとまりは、宗門改帳で「一、家壱軒」というようなまとまりで記されている単位をさしている。このまとまりのことを、「一つ書き《ひとつがき》」とか「一打ち《いちうち》」とか呼び習わしているが、血縁家族だけでなく、奉公人や居候《いそうろう》などが加わることもある。このまとまりが何を意味するかという点についてはさまざまな議論があるが、少なくとも現住地主義の宗門改帳の場合、人口学で定義する世帯（住居と生計をともにする人びとの集まり）とほぼ同一のものとみなすことにあまり異論はない（落合恵美子ほか編『歴史人口学と比較家族史』）。

その下の欄には登場順に名前、性別、戸主との続柄《つづきがら》が書かれる。ここで左詰めに書かれているのは、その年に西条村に居住している者であり、右下の家族人数の合計に反映される。一方、右詰めに年齢にカッコをつけて区別しているのは、奉公・結婚・養子などの理由で流出した者であり、人数の合計には含めない者である。

続柄の下には、個人番号とよぶコードが記入されている。たとえば、戸主の豊八は73-001となるが、これは家番号73の中で、最初に登場したことを意味している。

さらにその下には、一人ずつ各年の年齢が記載される。江戸時代の年齢は数え年で計算するので、出生時には一歳であり、元旦を迎えるごとに一つずつ年をとる。時たま、年齢に誤記が見られることもあるが、その場合すぐに訂正せず、史料に書かれたままの数字を記載する。このシートにもよく見ると、三ヵ所の誤記が記録されている。たとえば、個人番号73-007のとよは、一二歳の次に一つ飛んで一四歳となっている。人口指標の計算にあたっては、このような誤記を修正する必要があるが、一方で年齢誤記自体も史料の精度をチェックするうえで一つの材料となる。速水融によると、西条村の年齢誤記は全体としてはそれほど多くなく、〇・九%にすぎないという。すなわち、一〇〇件のうち一件以下であり、豊八の家の場合、平均よりはやや誤記が多かったことになる（『近世濃尾地方の人口・経済・社会』）。

右端には牛馬数、および持高といった経済情報を記入する場所があるが、こうした世帯の情報は別のシートを用意して書き込むことも可能である。最下段は備考欄であり、宗門改帳に書かれていることを、できるだけ漏らすことなく記載しておくことが望ましい。特に重要となるのは、変動理由（結婚・養子・奉公・死亡など）、移動年月日、移動元や移動先の地名、名前の変更などである。

西条村の宗門改帳では、家から出た者についても、その後の状況が詳しく記載されていることに驚く。子供のほとんどは成長する過程で一人ずつ家を離れてゆくが（離家《りか》）、その後、どこで奉公しているのか（村方・町方・武家奉公）、どこへ嫁いだのかといった情報が途切れることなく記入されている。たとえば、娘のるんは、最初の嫁ぎ先である羽栗《はぐり》郡竹ヶ鼻町の家を三〇歳の時に離別され城下町大垣へ奉公に出たが、二年後、多芸《たき》郡高田町で再婚している。西条村の宗門改帳からは、このような出来事まで判明するのである。

ＢＤＳの作成は宗門改帳一冊ずつ、家ごとに行うので、記入の方向は一行ずつ左から右に進むことになる。一冊の記入が終わり次の年になれば、さらに一行下の欄が埋まることになる。名前や続柄などの情報は同じであれば繰り返す必要はないので、ふつうは年齢のみが追加される。ただし、何か変化があれば、年齢の横に印をつけて備考欄に記入する。たとえば、豊八は五二歳で武右衛門に改名したが、この情報は備考欄に記載されている。

ライフコースを読み取る

一方、このシートを縦方向に見れば、個人の一生や家族構成の変化を追跡することが可能となる。そこで、このＢＤＳから豊八一家のライフコースを読み取ってみよう。図示した部分からははみ出ているが、豊八とその妻（西条村の宗門改帳の場合、結婚した女性はこの村では女房としか書かれないので名前は不詳）はいずれも長命で、豊八は一八一六年（文化一三）に八七歳まで、妻は一八二〇年（文政三）に八三歳まで生きのびている。宗門改帳で判明する限り、この夫婦は八人の子供に恵まれた。このうち、男子は文三郎一人で、残りはすべて女子であった。本来、この文三郎が家の後継ぎとなるはずだが、彼は京都に奉公に出たまま村に戻ることはなかった。彼は両親よりもずっと短命で、一八一三年、五七歳で生涯を終えている。

七人の女子のうち、六人は奉公・養子入・結婚などの理由で家を出た。その中の五人については嫁ぎ先が判明するが、かなり広範囲な広がりを持っている。長女・次女は美濃国内の農村へ嫁いだが、三女は京都の菓子屋に養女として入った。また、四女は伊勢国冨田村へ、七女は大垣の武家へそれぞれ婚いでいる。大坂へ奉公に出た五女のそねだけは結婚の記録が見あたらず、三八歳のときに西条村で亡くなっている。

この家では、結局、六女くのが二一歳の時、藤右衛門という者を養子に迎えて後継ぎにした。藤右衛門は養子に来ると同時に、茂右衛門と改名している。茂右衛門夫妻には一男一女、二人の子供が生まれたが、不幸にも、くのと孫娘のもんが一八〇〇年に相次いで亡くなってしまう。くのはまだ二六歳の若さであった。さらに、茂右衛門の次の後継ぎとなるべき孫の倉吉も一八〇五年に亡くなるという不幸が続いた。この年、茂右衛門は「不《ふ》縁《えん》」となり、養子縁組を解消している。

結局、豊八夫婦は後継ぎも孫もすべて無くしてしまった。すでに別の場所で家を構えている子供たちの中で帰村する者は一人もいなかった。土地を持たない水呑百姓の家には、どうしても後を継がねばならないという理由もなかったのだろう。この家に残ったのは、高齢の夫婦のみとなってしまったが、二人が当時としては珍しいほどの長生きだったのはせめてもの救いというべきか。結局、豊八の後家となった妻の死去により一八二〇年、この家は絶家《ぜっけ》となったのである。

以上は、西条村宗門改帳から判明した豊八一家のライフコースである。この家は最初の宗門改帳に登場する家の一つであるが、途中で絶家となり四八年間しかたどることはできない。それでも、子供の奉公・養子入・結婚など、この家に起こったさまざまな出来事が明らかになり、全体としてはかなりの情報量になる。さらにこれを西条村の約一〇〇年間に広げたらどれほど膨大な量になるか、想像してほしい。

現代社会においても、個人や家族のライフコースをたどる研究は盛んに行われるが、一世代の変化を追うだけでも非常に長い観察期間が必要となる。西条村の宗門改帳のように一世紀近く続く史料からは、婚姻、出産、死亡、移動、同居、世帯の継承など、それこそ数世代にわたる変化をつかむことが可能なのであり、社会科学の素材として宗門改帳がいかに高い価値を有するかということが分かるだろう（落合恵美子編『徳川日本のライフコース』）。

西条村の人口変動

宗門改帳から作成されるBDSは、全体としては「家の数×年数」なので、膨大な分量となる。最近では、このBDSをコンピュータ上で作成するプログラムも開発されている。機械処理によって人口学的データの作成と分析作業は大幅に省力化されてきた（川口洋ほか「江戸時代における人口分析システムの構築」、中里英樹「リレーショナル・データベースによる定型データの作成」）。

そこでまず、基本的な情報である総人口や世帯数から観察を始めてみよう。BDSの右側を見てゆくと世帯人員を男女別に合計した欄があり、これを集計したものが村全体の総人口や世帯数となる。図3は、宗門改帳から得られる西条村の男女別総人口である。

まず、総人口の変化を見ると、観察期間のはじめは三六〇—三八〇人くらいの規模である西条村は、一八四〇年代初頭にかけて何度か上下しながら人口が少しずつ減少する傾向を示している。もっとも少なくなるのは一八四三年（天保一四）であり、二七七人まで低下した。一方、一八四〇年代後半からの人口は一貫した増加を見せるとともに、年々の変動が少なくなる。観察期間の最後、一八六七年（慶応三）の人口は三八一人と最初の人口

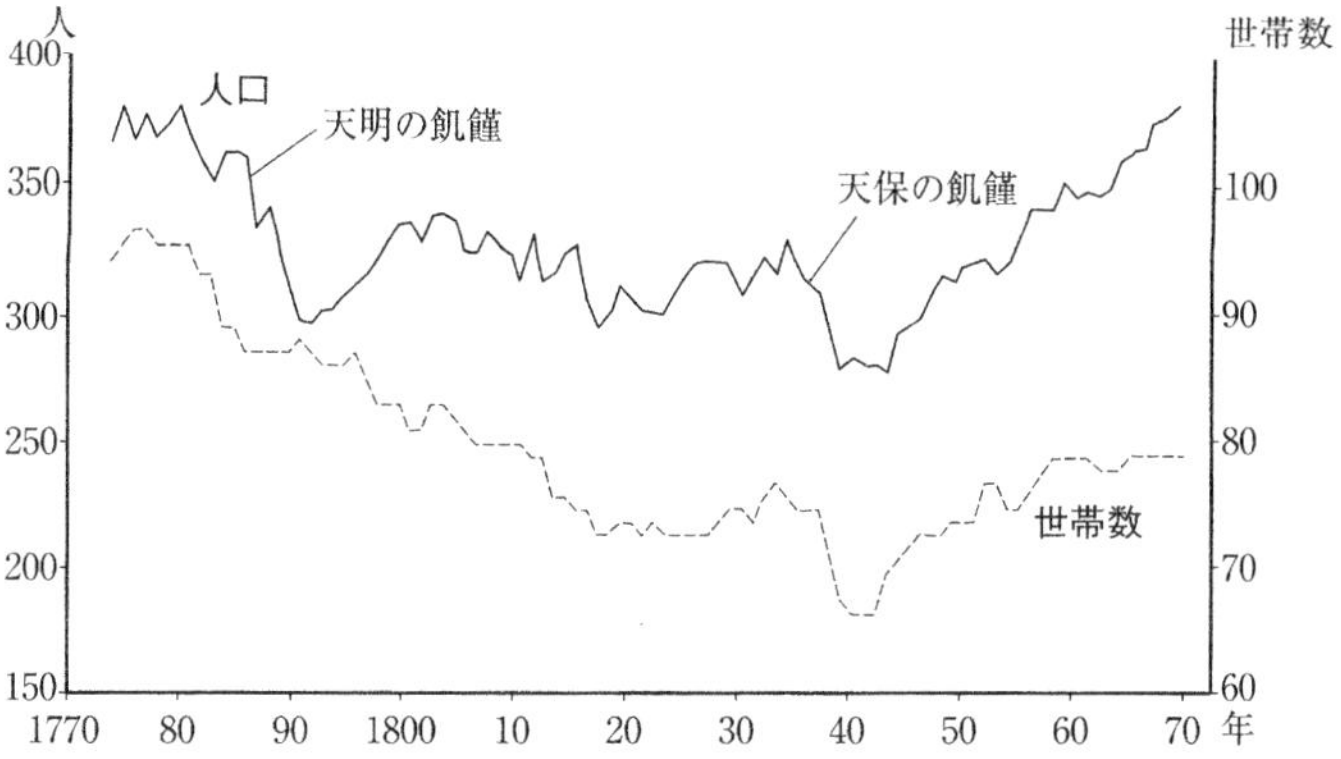

図３　西条村の人口と世帯数

（出典）　速水融『近世濃尾地方の人口・経済・社会』（創文社，1992年）をもとに作成.

規模をやや上回るレベルに達している。

一八四〇年代初頭までの人口減少期をさらに細かく見ると、二度にわたって大きく落ち込む時期が認められる。最初は、一七八〇年代であり、一〇年間で約七〇人、二割近い人口減少が生じている。この期間は、天明《てんめい》の飢《き》饉《きん》（一七八二―八八年）とほぼ重なる時期である。天明の飢饉は、一七七〇年代から始まる悪天候により食料が逼迫していたところへ、八三年（天明三）岩木《いわき》山や浅間《あさま》山《やま》の噴火が生じ、各地に火山灰を降らせたことによって起きた大飢饉であった。被害は東北地方を中心に広がりを見せたといわれているが、西条村においても、その爪あとを残しているのである。

もう一つの落ち込みは、一八三四年からの減少であり、総人口は三四年の三三〇人から三九年の二七九人へと五年間で五一人、一五%の減少を示している。この期間は、やはり江戸時代三大飢饉の一つといわれる天保《てんぽう》の飢饉（一八三三―三九年）とほぼ重なっている。近年、天保期（一八三〇―四四）の人口減少に関しては、全国的に流行病が広がりを見せた結果、農業労働力が不足し、結果として飢饉を招いたという見方が有力である。天候の記録からは、夏の気温低下もあったことが確認されるので、おそらくは流行病と天候不順が重なり合って起きた災害だったのだろう（浜野潔「気候変動の歴史人口学」）。「天保の危機《クライシス》」ともよばれるこの災害は、天明期（一七八一―八九）に続き西条村へ大きな影響を残していた。

同じ図には、世帯数の変化も示されている。天保期以前の人口減少期は、世帯数も一貫して減少する傾向にあったが、速水融はこの減少が高齢単身世帯の減少と無高《むだか》層の絶家によることを明らかにしている（『近世濃尾地方の人口・経済・社会』）。先に取り上げた水呑百姓豊八の家の事例は、まさにこのケースにあてはまるといえるだろう。一方、天保期を過ぎると世帯数はしばらく増加したあと、一八五〇年代末から最後の一〇年間は八〇世帯弱あたりの数でほぼ横ばいとなった。人口は依然として増加し続けているので、これ以後は一世帯あたりの人数が増加した計算となる。

表1　西条村の年代別人口変動率

年　　代	自然増加率	社会増加率	人口増加率
1773-1783	2.2%	−3.6%	−1.4%
1783-1793	−0.6	−15.5	−16.1
1793-1803	12.2	−0.3	11.9
1803-1813	8.8	−15.6	−6.8
1813-1823	7.6	−12.3	−4.7
1823-1833	15.0	−9.6	5.3
1833-1843	−4.7	−7.9	−12.6
1843-1853	18.4	−4.0	14.4
1853-1863	16.7	−6.3	10.4
1863-1869	10.6	−1.7	8.9
全 期 間	73.2	−69.1	4.1

（出典）　速水融『近世濃尾地方の人口・経済・社会』(創文社, 1992年）をもとに作成．理由不明の変動は社会増加率に含めて計算した．

自然増加と社会増加

一般に人口の変動は、出生と死亡の差から生じる「自然増加」と、外との移動によって生じる「社会増加」に分けることができる。西条村の宗門改帳からは、毎年の出生数・死亡数が判明するので、自然増加率（出生数から死亡数を差し引いた人数を総人口で除した値）を計算し、その値を人口増加率から引くことにより、社会増加率（転入者数から転出者数を差し引いた人数を総人口で除した値）の割合も求めることができる。表1は、一〇年ごとの自然増加率と社会増加率を千分率で示したものである。

この表から分かるのは、一〇年単位に見ると、天明期・天保期を除けばどの期間でも自然増加率はプラスとなっていることである。つまり、もし、外部への流出がなければ西条村の人口は大部分の期間、増加していたことを示している。ところが、史料が始まる年の人口の三六六人は九六年後に三八一人とわずか四・一%しか増えていない。その理由はいうまでもなく、西条村から人口が流出したためであり、社会増加率が一貫してマイナスであることがそれを示している。

では、このような人口パターンはどのようにして生み出されたのだろうか。人口の変化を分析するにあたっては、総人口の変化の背後にあるメカニズム、たとえば、結婚年齢・合計出生率・年齢別死亡率など、より詳しい人口指標の動きを明らかにすることが重要である。近年の歴史人口学研究は、新しく開発された人口学的方法を宗門改帳のデータに適用して大きな成果をあげてきた。そこで次の章では、西条村の結婚・出産・死亡をめぐる最新の分析結果を紹介することにしよう。

江戸農民の生と死

村の婚姻と家族

西条村の結婚

美濃《みの》国西条《にしじょう》村の宗門改帳《しゅうもんあらためちょう》から計算された自然増加率は、一〇年単位で見れば、ほとんどの時期にプラスの値を示していた。つまり、出生が死亡を上回る状態にあり、潜在的にはつねに人口増加の状態にあった。では、このような自然増加率はどのようにして達成されていたのだろうか。

自然増加は出生と死亡によって決まるが、出生はまた結婚した夫婦の行動に左右される。もちろん、結婚によらない出生もあり、実際、欧米社会では結婚外の出生率が無視できないレベルに達している。一方、日本の場合、結婚外の出生は非常に少ないが、この点は江戸時代においても同様であった。西条村の場合、両親が分からない私生児の比率は出生全体の六・六％であり、明治期のレベルとあまり差はない（速水融『近世濃尾地方の人口・経済・社会』）。したがって、出生の大多数は結婚を前提したものであると考えて構わないことになる。そこで、まず西条村の結婚について考えることにしよう。

西条村の宗門改帳には、結婚した女性について「……年以前ニ縁付来申候」という記載が行われている。では、この縁付《えんづけ》ということばは何を意味するのだろうか。結婚と同義なのだろうか。

実は現代の人口に関しても、結婚がいつの時点で生じたのか確定することはなかなか難しい。人口動態統計では、婚姻届に記された結婚式をあげた時か同居を始めた時のいずれか早い方の年齢を結婚年齢としている。前者は法律婚とよぶべき状態、後者は事実婚とよぶべき状態である。

宗門改帳への登録あるいは抹消は、一般に「人別送り《にんべつおく》」という手続きを伴って行われる。すなわち、婚姻・奉公などに伴い檀那寺《だんなでら》を変更する場合、移動元の村（町）役人から移動先の村（町）役人に宛てて、人別送り状という文書が発給される。文書を受け取った側の村（町）役人と先方の檀那寺からは引き換えに請取《うけとり》証文が送り返されてくる。宗門改帳に記録された縁付とは、このような手続きを踏まえたうえでの法律婚としてとらえられるだろう。

しかし、カップルが同居するという意味での事実婚が、文書手続きを伴う法律婚に先行する場合も少なからずあったと思われる。庄屋西松家に残る日記には、この家の娘が竹ヶ鼻町の家に嫁ぐ際、「客分《きやくぶん》に遣《つか》わす」という形で、内縁に迎えられたことが記されている。いわゆる足入れといわれるものに相当するケースだろう。こうした縁付に先立つ同棲は旧家や大きな家で行われることが多かったようだが、いずれにしても、事実婚と法律婚が分離する事例があったことは間違いない（成松佐恵子『庄屋日記にみる江戸の世相と暮らし』）。つまり、宗門改帳で観察される結婚は、現在の結婚の定義よりは狭く、今日の基準に照らせば結婚率は低めに、結婚年齢は高めに出ることに注意すべきだろう。

初婚年齢

では、西条村の人びとは、いったい何歳ぐらいで結婚したのだろうか。一般に、人口学では最初の結婚、すなわち初婚の年齢がどの程度のレベルであるかということを結婚の早さの指標としてとらえている。西条村の宗門改帳から計算される初婚年齢は男子が二八・八歳、女子が二一・五歳である。いずれも、数え年であるから、これを満年齢にするにはおよそ一・五年を引く必要があるので、現代の基準に直せば男子二七歳、女子二一歳程度となるだろう。女子の初婚年齢は今日から見れば低い結婚年齢といえるが、それでも早婚というよりはかなり高いレベルである。一方、男子の結婚年齢は現在とそれほど大きな違いのないことも印象的である（Kurosu et al., *Regional Differentials in the Patterns of First Marriage in the Latter Half of Tokugawa Japan*）。

速水《はやみ》融《あきら》によると、結婚年齢を高める要因の一つは、出稼ぎ経験であるという。出稼ぎ経験の有無により女子の結婚年齢を分けて計算すると、経験のない者が二一・五歳に対して、経験のある者は二五・九歳と実に四・四歳もの差がある。出稼ぎ経験にはまた階層差があり、持高の少ない者ほど出稼ぎに行く確率がより高い。したがって、上層農民では初婚年齢が低くなるのに対して、下層農民では初婚年齢が高い計算となる。もちろん、この点は結果として出生率にも影響を与えることになる（『近世濃尾地方の人口・経済・社会』）。

江戸時代は皆婚社会か？

結婚年齢と並んで出生率に大きな影響を与えるのは、どれだけの者が結婚するのかという点である。たとえば、現代日本で少子化が進行しているのは、未婚率の高まりと、その結果としての生涯独身率の上昇が大きく影響している。一方、過去の人口統計をさかのぼると生涯独身率は非常に低い値にとどまっていた。明治期（一八六八―一九一二）の場合、二―三％と推計されており、特別な理由のない限り、誰もが一度は結婚する「皆婚慣行」があったとみなしてさしつかえない。

一般に、生涯独身率は五〇歳の時点まで未婚であった者の比率と定義されるが、西条村の宗門改帳のように配偶関係を毎年追跡できる史料を使えば、未婚率を年齢別に計算することが可能となる。なお、史料の最終年が一八六九年（明治二）なので、この時点で五〇歳に達するためには一八二〇年（文政三）までに出生している必要があり、また、史料登場時には少なくとも一〇歳以下でなければ未婚かどうかの区別はできないとすると、一七六四年（明和元）以降の出生者が対象ということになる。そこで、一七六四—一八二〇年に出生した者だけを取り出して、年齢別に未婚率を計算した結果を図4に示してみた（浜野潔・黒須里美「徳川農村は「皆婚社会」か？」）。

男子の場合、二〇歳では八割以上が未婚であり、二〇代前半に約五割が結婚していることが分かる。その後、未婚率は少しずつ下がるが、四五歳あたりまでは少しずつ初婚が発生する。五〇歳における未婚率は一〇％となっている。

次に女子の場合、一五歳までに結婚する者も三割近くおり、もっとも多い初婚は一〇代後半に生じている。その後、三五歳まで未婚率は少しずつ下がるが、それを過ぎると一定となり、その後の初婚はほとんどない。五〇歳における未婚率は一三％と男子よりわずか

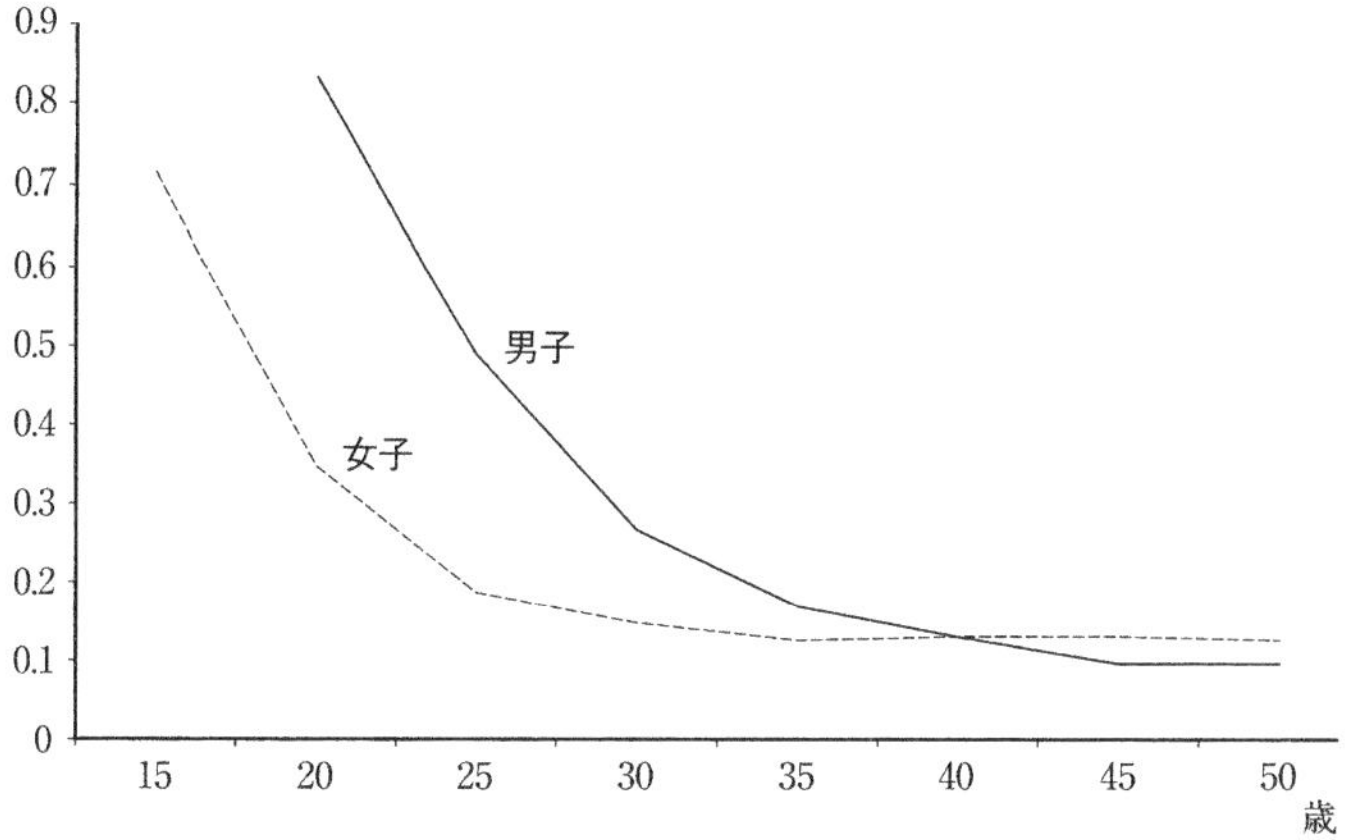

図４　西条村の男女別未婚率

（出典）　浜野潔・黒須里美「徳川農村は「皆婚社会」か？」（『統計』60-6，2009年）をもとに作成．

に高いが、誤差を考えれば男女の差はほとんどないといってよいだろう。

未婚率の計算では、西条村の農民の約一割は生涯を独身で過ごしていたことになり、明治期の推計値と比べればかなり高いレベルにある。しかし、注意すべきは、宗門改帳における結婚は法律婚だけを対象としており、そのまま近代以降の統計と比較することはできないという点である。たとえば、未婚として扱った男子の中には子供の出生が記録されたケースが二例あった。このような事例は、もしかしたら事実婚はしていたが、何らかの理由で結婚が登録されなかった者という可能性もある。そこで、五〇歳まで結婚経験の確認できない者について、その特性をもう少し詳しく見ることにしよう。

まずは、生涯未婚と経済階層の関係である。家の持高別に未婚率を計算すると、男子も女子も持高が一〇石以上の地主層の場合、五〇歳時点の未婚者はまったく見あたらない。女子の場合、特にこの階層の結婚は早く、一五歳の時点ですでに約半数が結婚しており、二〇歳では八割にものぼっている。すでに述べたように、持高の高い階層では出稼ぎ経験率が低く、そのため結婚は早目に、より多くの者が経験したのである。逆に二石未満の下層の女子は五〇歳時点の未婚率が二二％とかなり高くなっている。経済階層は、結婚にかなりの影響を及ぼしていたといえるだろう。

次に、経済階層以外の特性について個々に検討してみよう。五〇歳時点で未婚にとどまっていた者について男女別にプロファイルを見てみると、顕著な違いがある。まず、男子の場合（八人）、子供の出生が記録されたケースが二人あったことを指摘したが、残りの六例では、五〇歳の時点でも戸主にはなれず兄弟と同居しているケースが四人と過半数を占めている。また、この中の三人は一度も奉公に出たことがなかった。これらの事実は、五〇歳まで結婚しなかった男性が独立して農作業を行うことが不可能な理由（たとえば身体的理由）を持っていた可能性を示唆している。

一方、女子の場合（一〇例）、五〇歳時点の続柄《つづきがら》はばらばらであり、また、奉公経験率も全体とはあまり変わらない。ところが、不明の二例を除くすべての家で、直系男子への家の継承が見られないという共通点が見られる。つまり、養子を取って家が継承されるか、または最終的に絶家した家の者ばかりであった。あくまで推測でしかないが、後継ぎとなる男兄弟がいないため労働力として必要とされたり、あるいは親の扶養を期待されたりして家に残ることを選んだ可能性もあるだろう。

結局のところ、結婚しない理由は必ずしも経済的理由だけとは限らない。男性の場合、結婚経験の見あたらない者は、出稼ぎ経験が少なく、兄弟と同居している者が多かった。米作農業の労働強度に耐えられない者は、西条村では結婚して一軒を構えることが困難だったのかもしれない。また、女性の場合、直系男子の継承者が見あたらないために家に残って婚期を逃したのではないか、というような事例もあった。

このような観察結果からすれば、少なくとも規範のうえでは、特別な理由のない限り誰もが一度は結婚する「皆婚」慣行があったとしても矛盾はない。しかし、こうした規範は中・下層の家では必ずしも達成されるとは限らなかったのである。

表2　西条村の結婚継続期間別結婚終了理由

結婚継続期間	離　婚	夫の死亡	妻の死亡	同一年度内に夫・妻が死亡	欠　落	N
1 − 5	0.541	0.108	0.270	0.054	0.027	37
6 − 10	0.231	0.577	0.192	0.000	0.000	26
11 − 20	0.000	0.524	0.429	0.024	0.024	42
21 − 30	0.000	0.729	0.250	0.021	0.000	48
31 −	0.000	0.747	0.241	0.011	0.000	87
計	0.108	0.588	0.275	0.021	0.008	240

（出典）　斎藤修・浜野潔「徳川農村における再婚と家の継承」（『国民経済雑誌』179-3, 1999年）26ページをもとに作成.

（註）1　村内の結婚のみに限定. 表の記載以外に理由不明の終了例15例がある.

2　「N」欄の数字は観察件数.

結婚の終了理由

西条村の初婚を観察することによって、平均初婚年齢と未婚率の推計を行った。しかし、初婚はいうまでもなく結婚の一部でしかない。結婚は離別、または死別という理由によっていつかは解消される。離婚率が高ければ、あるいは死亡率が高ければ、結婚はかなり不安定なものになる。

結婚が解消された場合、どの程度の者が再婚することができたのだろうか。また、再婚には男女別・年齢別の格差があったのだろうか。このように、江戸農民の結婚全体を明らかにするためには、離別・死別と再婚をそれぞれ観察することが不可欠である。

そこでまず、西条村の宗門改帳から結婚の開始と終了を観察できるケースを選び出すことにする。表2は、結婚の継続期間別に終了理由の比率を示したものである。全体として見ると、観察事例の五九%は夫の死亡により結婚が終了しており、これに次いで妻の死亡が二八%、離婚が一一%などとなっている。残念ながら、結婚継続期間が長くなるほど、開始か終了かいずれかが観察できないケースが増えてくるので正確な平均継続期間を求めることはできないが、宗門改帳に結婚が登録された夫婦のうち約四分の一は一〇年以内に結婚を解消している。一方で、三〇年以上の結婚生活を送った夫婦も三分の一を超えていた。

「子なきは去る」は俗説？

離婚による結婚の終了は全体としてはそれほど多くないが、五年以内の終了理由では半数を超えており、もっとも多くなっている。一方、結婚が一〇年を超えれば、離婚はまったく観察されない。現代流にいう「熟年離婚」はまったく見られないことになる。結婚期間六年以上では、少しずつ夫の死亡による結婚の終了が増えてくるが、夫の方が年上のケースが多いことを考えれば当然の結果といえる。

なぜ離婚は結婚後、短期間のうちに集中していたのだろうか。まず、思いつくのは子供

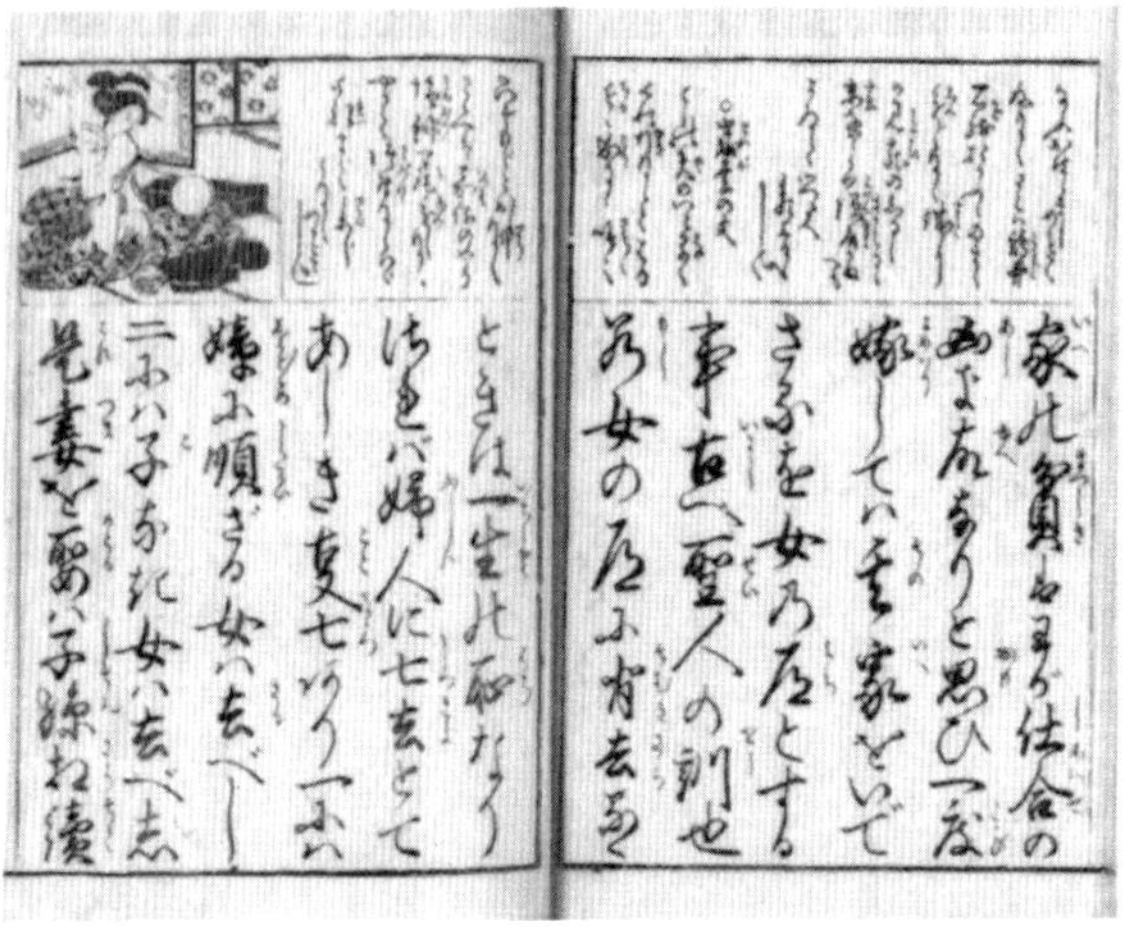

図5　『女大学』（関西大学図書館所蔵）

が生まれないという理由だろう。江戸時代に教訓書として広く読まれた『女大学《おんなだいがく》』（図5、貝原益軒《かいばらえきけん》の著作とされてきたが根拠はない）には、「子なき女ハ去《さる》べし。是《これ》妻を娶《めとる》ハ子孫相続の為《ため》なれば也《なり》」ということばがあるが、はたして西条村のケースはこの点を裏づけるものなのだろうか。

離別に関してさらに細かく見てゆくと、子供が生まれないで離婚した夫婦は全部で一一組観察されたが、そのうち一〇組は結婚登録後、二年以内の離婚だった。この中に、子供が生まれないという理由の離婚がなかったとはいえないが、二年以内というのは不妊を疑うには少し短い期間だろう。これに対して、二年以上たって離婚した夫婦の九二％は少なくとも一人の子供を持っていた。つまり、西条村では、子供がいないことが離婚の主因だったとはいえない。逆に、夫婦はたとえ子供がいたとしても離婚を選ぶことも少なくなかったのである。

有名な『女大学』の「子なき女ハ去べし……」ということばは、このフレーズだけが有名になったが、その後に実はこう続いている。「然《しか》れども婦人の心正《ただし》く、行儀よくして妬《ねたむ》心なくバ、さらずとも同姓の子を養《やしな》ふべし」。つまり、子供が生まれないことは、必ずしも離婚の理由にならないということが江戸時代からすでに主張されていたわけである。ここにある「同姓の子」とは、親族から養子を取って家を継がせれば血縁も続くということを示唆することばだろう。要するに、大事なのは家の存続だったのである。子供がいても離婚した理由が夫にあったのか妻にあったのかは分からないが、後継ぎとしての子供が残ることが、重視されたことは間違いない。

再婚の可能性

ところで、結婚を終了した者はその後、再婚することができたのだろうか。江戸時代のように現代よりはずっと出生率が高い社会においては、再婚の確率は出生率に大きな影響を与えると考えられる。また、再婚できるか否かということは、家の後継ぎ以外の者にとっては、その後の人生を左右する重要な条件であったに違いない。そこで、再婚率を結婚終了後の年数ごとに追いかけて男女別に累積再婚率を計

表3　西条村の男女別再婚率

(男子)

結婚終了後の年数	結婚終了時の年齢		
	30歳以下	31－40歳	41歳以上
5	0.469	0.685	0.091
10	0.682	0.685	0.091
15	0.841	0.748	0.091
N	15	30	13

(女子)

結婚終了後の年数	結婚終了時の年齢		
	30歳以下	31－40歳	41歳以上
5	0.367	0.171	0.000
10	0.662	0.220	0.000
15	0.662	0.220	0.000
N	40	25	34

(出典)　斎藤修・浜野潔「徳川農村における再婚と家の継承」『国民経済雑誌』179-3, 1999年) 28ページをもとに作成.

(註) 1　年齢は男女とも宗門改帳の年齢 (教え年).

2　「N」欄の数字は観察件数.

算したのが表3である。再婚できるかどうかという点に関しては、結婚終了時の年齢がかなり重要な要素となることが予想される。そこで、男女とも年齢を三つのグループに分けて、それぞれ示している。

まず、男子の場合、結婚終了直後から五年目で約半数が再婚している。その後も少しずつ再婚する者があり、一五年後の割合は六割を超える。また、結婚終了時の年齢を見ると、二〇代と三〇代では大きな違いはない。しかし、四〇代以降の再婚率はかなり低くなる傾向があった。

一方、女子の場合、男子より再婚率は低く、全体として再婚できたのは三割に満たない。さらに、結婚終了時に二〇代であるか三〇代であるかが大きな違いだった。二〇代ではかなりの者が再婚しているが、三〇歳を超えるとその確率はかなり低下し、四〇代以降の再婚事例となるとまったく見られないのである。

家の継承

女性は三〇代以降、再婚率が大きく下がることが分かったが、これは単に加齢によって再婚相手としての価値が下がった結果なのだろうか。若い男女がパートナーを求めて再婚するのはごく自然なことだが、江戸時代のような農業社会の場合、再婚は将来の後継ぎを得るための生存戦略という意味を持っていた可能性もあるだろう。

そこで、女性再婚者のプロファイルをもう少し詳しく見ることにする。ここで、問題となるのは子供の数と長子の年齢である。結婚終了時における生存子供数は、非再婚者が二・五人に対して、再婚者は一・五人となる。また、長子の年齢は非再婚者が八・八歳、再婚者は五・八歳となっている。この違いはサンプル数が小さいにも関わらず年齢をコントロールしたうえで、いずれも統計的に有意である。つまり、女性が再婚するか否かという点は、結婚終了時の年齢だけでなく、子供の数、さらには長子の年齢が重要だったのである。

西条村の宗門改帳を見てゆくと、再婚しないで家の継承に成功した事例をいくつか見つけることができる。たとえば、三二歳で寡婦となったある水呑百姓の妻の例をあげてみよう。この家では一一歳の長男が父の死後ただちに、次男が六年後に一四歳で、それぞれ奉公に出たが、母親は再婚せず、ずっと家を守り続けた。やがて二四歳で家に戻った長男が戸主となり、家は無事に存続している。子供が複数いて、この程度の年齢に達していれば、将来は家を継ぐことが可能という予測が立ったのではないだろうか。

いずれにしても、女性が再婚するか否かの選択は家の継承戦略と密接な関係があったことをこの統計分析は示している。子供が十分に大きければ家を継がせることができるので、あえて再婚しない選択肢もあったといえるからである（斎藤修・浜野潔「徳川農村における再婚と家の継承」）。

もちろん、西条村の人びとが家の継承を第一に考えて行動したとしても、すべての家が成功したわけではない。前の章で示した、水呑百姓豊八一家の例を思い出してほしい。豊八は娘に養子を取って後継ぎを得たものの、孫の相次ぐ死によって、その次の世代を残すことはできなかったのである。

速水融は、西条村全体の世帯を分析した結果、持高の大きな階層では出生率が高く分家を出しながら勢力を伸ばしていたのに対し、持高の小さい階層では出生率が低く絶家となる家が多いことを明らかにしている（『近世濃尾地方の人口・経済・社会』）。また、同じく岡田あおいは、東北農村における家の継承を実証的に分析し、持高による格差が大きかったことを示している（『近世村落社会の家と世帯継承』）。再婚行動におけるこのような選択は、家の継承が持高の小さい階層では困難であったというコンテクストの中で評価することによって、初めてその意味が理解できるのである。

出生率の水準

江戸時代の西条村《にしじょう》では、出生率はどの程度の高さにあったのだろうか。自然増加率がほとんどの時期においてプラスで、外部に人口を供給できたのは、出生率が高かったからだろうか。

出生登録の問題点

実は、宗門改帳《しゅうもんあらためちょう》を用いた人口の分析で一番難しいのは、この出生率の推計である。全体的に見れば史料としての精度はかなり高いとされる宗門改帳であるが、こと出生に関しては少なからぬ捕捉漏れがあることが分かっている。この捕捉漏れは、帳簿作成のうえでの不注意など人為的なミスによるものではない。宗門改という制度そのものの仕組みにより生じる、避けることのできない問題なのである。

現代の人口登録は、出生・死亡・移動など人口を変化させる要因（動態変化）は、イベントの発生するつど、届出が行われることになっている。江戸時代においても人別送りを伴う移動に関しては、必ず届出が行われたと考えられる。ところが、出生・死亡に関しては現代のような一定期間内の届出義務は必ずしも定められていない。

もちろん、出生・死亡に関して、宗門改帳の各家の記載個所に付箋をつけたり、あるいは追記を行ったりして、村役人がメモのような形で記録に残すことはあった。しかし、これはあくまで次年度の宗門改帳を作成するための必要最小限の情報に限定されていた。たとえば、死亡や移動に関しては宗門改帳から除くことが確実な変化なので、そのつど小まめな記載が行われた。しかし、出生に関しては必ずしもそうではない。

出生した子供を宗門改帳に登録する必要性が生じるのは、あくまで翌年の宗門改の時点であり、もし、それ以前に子供が死亡すれば登録の必要性はなくなる。つまり、出生の登録は最初の宗門改まで待って初めて行われたのである。さらに、一部の地域では、最初の宗門改においては意識的に登録せず、三歳以降に延ばしたところもあった。極端な例だが、紀州藩では原則として八歳になるまで宗門改帳に登録しないというのがルールになっていた。

西条村の庄屋日記には、文政年間（一八一八―三〇）に母親がお産をしたが、子供はすぐに死んでしまったという記述がある。しかし、父親は何事もなかったかのように翌日から将棋大会に出かけていた（成松佐恵子『庄屋日記にみる江戸の世相と暮らし』）。この出来事一つを取ってみても、子供の命の軽さに驚かされる。生き延びるかどうか分からない出生を急いで登録する必要性はなかった。宗門改を迎えることなく死亡した子供は、残念ながらその多くが記録から漏れてしまったのである。

懐妊書上帳　宗門改帳には多くの出生が登録されなかったとすれば、出生率を知るためには特別な工夫が必要となる。この点で、鬼頭宏が行った「懐妊書上帳」の分析はこの問題に迫るもっとも重要なアプローチである（鬼頭宏『日本二千年の人口史』、同「宗門改帳と懐妊書上帳」）。

懐妊書上帳とは、江戸時代後期にいくつかの藩で行われた妊婦の調査記録である。この背景には、少なからぬ藩において人口の減少が深刻化しており、その原因として堕胎・間引きが問題視されたことがあった。各藩では、妊娠を村役人が把握し出産にいたるまでの経過をきちんと監視すれば、堕胎や間引きを思いとどまり、出生率が上昇するだろうという見通しを立てたのである（沢山美果子「妊娠・出産・子育て」）。

鬼頭は、いくつかの異なる村の懐妊書上帳を用いて、宗門改帳には登録されなかった出生の大きさを推計した。その結果、乳児死亡率は一〇〇〇分の二〇〇前後のレベルにあり、宗門改帳の出生数は二〇―二五％程度過小としたのである。

さらに、木下太志はマイクロシミュレーションという新しい手法を適用することによって、この問題へ接近している。この方法は、宗門改帳から得られるデータに明治・大正期（一八六八―一九二六）の人口動態統計を加味してコンピュータ上に個々人の婚姻・妊娠・出産・死亡などの人口事象を再現し、実際のデータでは分からない乳児死亡を推計する試みである。その結果、木下は宗門改帳に記録された出生は実際の出生よりも一二―一八％程度過少であるとしている（「宗門改帳における出生と乳児死亡の過少登録」）。

乳児死亡率は、時期や地域によって大きく変動したであろうから、単一の数値ですべてのケースを補正することは現実的ではないだろう。しかし、いくつかの異なる研究によって、そのレベルの目安が次第に明らかになってきたことの意味は大きい。

合計結婚出生率の変動

こうした出生数の補正方法を前提としたうえで、西条村の出生率推計を試みよう。出生率の指標にはさまざまな種類があるが、広く使われている指標として、まず合計出生率（ＴＦＲ＝total fertility rate）がある。合計出生

表4　西条村の年齢別結婚出生率

妻の出生年年齢階層	1775年以前	1776年以降
16－20	0.247	0.301
21－25	0.323	0.331
26－30	0.263	0.293
31－35	0.248	0.253
36－40	0.184	0.213
41－45	0.115	0.081
46－50	0.025	0.027
合計結婚出生率	7.03	7.50
合計結婚出生率×1.15	8.08	8.62

（出典）　速水融『近世濃尾地方の人口・経済・社会』（創文社，1992年）214ページをもとに作成．

（註）　母親の年齢は宗門改帳の年齢（数え年）．

率とはある期間、またはコーホート（同期間に出生した集団）において測定された女性の年齢別出生率を出産可能期間にわたって合計したものと定義される。たとえば、二〇〇九年（平成二一）の日本の合計出生率は一・三七と非常に低い値をとるが、この値は夫婦当たりの出産数の減少と同時に、未婚女性の増加をも反映している。

これに対して、結婚したカップルの出生率を測る指標として、合計結婚出生率（TMFR＝total marital fertility rate）がある。合計出生率との違いは、分母に女性全体ではなく、結婚した女性の数を用いることにある。この指標は結婚が継続した場合、最終的に何人の子供が生まれるのか示すので、平均的な子供数というイメージに近い指標といえるだろう。

西条村について、妻の出生コーホート別に年齢別結婚出生率を示したのが表4である。

この出生率は宗門改帳に登録された出生数にもとづくものであり、登録以前の死亡は漏れていると考えられる。そこで、その部分を調整するため、ここでは木下の推計などを参考にしながら出生率に一・一五をかけた調整済の合計出生率も示した。

推計された合計結婚出生率はいずれのコーホートにおいても八人を超えており、結婚した夫婦が出産可能年齢（ここでは一六歳から五〇歳と定義される）を通じて子供を生み続けた場合、八人以上の子供が生まれたことを示している。さらに、後半のコーホートではわずかながら上昇が見られ、子供数は九人に近づいていた。

もっとも、この数字はあくまで結婚が継続するという前提のものであって、実際には多くの結婚が離死別によって途中で終了したことはすでに見たとおりである。平均初婚年齢で結婚した女性が五〇歳まで到達するには二七・五年の結婚期間が必要となるが、ここまで結婚が継続するのは結婚全体の五割弱であった。離婚は、結婚のごく初期に集中していたが、その後も夫婦いずれかの死亡による結婚の終了が続いている。そこで、次は人口変動のもう一つの要因である死亡について、詳しい観察を行いたい。

農民の死とその構造

人生五〇年？

人口変動を決める要因として、結婚・出生を観察してきたが、もう一つの要因はいうまでもなく死亡である。江戸時代の人びとは、どの程度の長さの人生を送ることができたのだろうか。

死亡率の水準を測る指標にも多くの種類があるが、もっとも代表的なものは平均余命である。平均余命は、ある年齢の時点の者がそれ以降、死亡にいたるまで生存する年数の総和を求めて、その時点の生存者数で割ったものである。この年齢を〇歳時、すなわち出生時点に取ったときの平均余命を特に平均寿命とよび、死亡率全体を表わすもっとも一般的な指標としている。

平均余命を求めるには年齢別の死亡率が必要となる。たとえば、x歳の死亡数をx歳の人数で割ったものがx歳の死亡率となる。西条村《にしじょう》の宗門改帳《しゅうもんあらためちょう》は、ほとんどの者について人口の減少理由を明記しているので、年齢別の死亡率を求めることは容易である。ただし、この計算にあたっては二つの問題点がある。

第一は、村から外に出た流出者については、死亡情報の精度が落ちるという問題である。遠方に嫁いだり養子に出たりした者の中には実家との連絡がそれほど密でない者もいたに違いない。また、中には行方不明として扱われている者もいるが、こうした者の中には一〇〇歳まで生存として記載され続けた者もある。このような事例を計算に入れてしまうと、実際よりも余命を長く計算してしまう。

第二は、すでに出生のところでも触れた、乳児死亡の記載漏れである。最初の宗門改を迎えずに死亡した者については、原則として記載が行われることはなかった。したがって、宗門改帳から計算される出生時の平均余命、すなわち平均寿命はその分高めであり、真の平均寿命を知るためには何らかの補正が必要ということになる。

生存数と平均余命

平均余命の計算の結果は次ページの表5に要約されている。この表は一般に生命表とよばれるものであり、ここでは五歳ごとの年齢別

表5　西条村の男女別生命表

年齢	男子		女子	
	年齢別死亡確率(q_x)	平均余命(e_x)	年齢別死亡確率(q_x)	平均余命(e_x)
1－4	0.157	44.1	0.175	43.0
5－9	0.073	48.0	0.064	47.8
10－14	0.027	46.6	0.013	45.9
15－19	0.051	42.8	0.046	41.4
20－24	0.014	40.0	0.063	38.3
25－29	0.050	35.5	0.070	35.7
30－34	0.040	32.3	0.075	33.2
35－39	0.078	28.5	0.065	30.7
40－44	0.034	25.7	0.057	27.7
45－49	0.070	21.5	0.047	24.2
50－54	0.100	17.9	0.092	20.2
55－59	0.182	14.6	0.120	17.0
60－64	0.179	12.3	0.152	14.0
65－69	0.293	9.5	0.214	11.0
70－74	0.381	7.3	0.301	8.3
75－79	0.547	5.3	0.486	5.8
80＋	—	3.9	—	4.0

（出典）Tsuya, Noriko O. and Kiyoshi Hamano. "Mortality responses to rice price fluctuations and household factors in a farming village in central Tokugawa Japan" 15ページをもとに作成.
（註）年齢は男女とも宗門改帳の年齢（数え年）.

死亡確率と平均余命が示された。この表は、宗門改帳に記載された死亡にもとづいて計算されたものなので、乳児死亡の多くは反映されていない。したがって、平均寿命はかなり高めに計算されている。

速水《はやみ》融《あきら》は乳児死亡率を一〇〇〇分の二〇〇と仮定した平均寿命を、さらに満年齢に直して計算しており、男子が三六・八歳、女子が三六・七歳といういきわめて低い値になった。このように平均寿命がいちじるしく低いのは、いうまでもなく幼少時の死亡率が高いことを反映しており、一〇歳時までに約三七％が死亡したと推計されるという。西条村の人びとにとって、子供時代を生き延びることがいかに重要か示す結果といえるだろう（速水融『近世濃尾地方の人口・経済・社会』）。

イベント・ヒストリー分析

西条村の宗門改帳から計算される平均寿命は三〇代半ばであり、現代から見ればきわめて短命な社会であることが判明した。しかし、このような死亡率の高さは、幼少時の死亡率を強く反映したものであり、必ずしも三〇代で多くの人びとが亡くなったということではない。成人した者にとっては計算上の人生が平均すれば六〇歳あたりまで期待できたことになる。

では、西条村の人びとはどのような原因で死亡することが多かったのだろうか。残念ながら、宗門改帳に死亡の事実は記載されていても、死因について書かれることはほとんどなかった。当時の他の史料には、まれに死因の書かれることもあるが（たとえば日記や過去帳など）、現代とは病名が異なることもあって、すべてが明らかにできるわけでもない。

明治期以降の統計から想像されるのは、流行病の占める割合は今よりずっと多かっただろうということである。前近代の主要な流行病として疱瘡《とうそう》・麻疹《ましん》・赤痢《せきり》があげられるが、このような病気は江戸時代を通じ、流行が繰り返されたことが明らかになっている（杉山伸也「疫病と人口」）。しかし、こうした流行病の発生も宗門改帳から直接に読み取ることはできない。

ところで、現代医学においては健康に対するさまざまなリスク要因が分析されている。たとえば、バランスの取れた食事をすることや十分な休息を取ることが健康にとって大事なことは常識となっている。宗門改帳の持つさまざまな情報を死亡と結びつけると、そこから何か意味のあるリスク要因を見出すことができるかもしれない。たとえば、持高の大きな豊かな農民と貧しい農民の間で死亡リスクに違いはあるのだろうか、というような問題である。

こうしたリスク要因を明らかにする方法として、イベント・ヒストリー分析という手法が近年さかんに使われている。イベント・ヒストリー分析とはリスク集団（at risk population）におけるイベント、すなわちここでは生存している人口集団で死亡が起こる発生確率を複数の要因によって説明する多変量解析法のことである（津谷典子「イベントヒストリー分析の歴史人口学への応用」）。以下では、西条村の死亡に関するイベント・ヒストリー分析の結果について紹介しよう。

死亡率を高める要因

津谷典子は西条村の死亡を四つの年齢階層（数え年一歳、二―一四歳、一五―五四歳、五五歳―七四歳）に分け、階層ごとに死亡に影響を与えると思われる要因を検出するイベント・ヒストリー分析を試みている。一般に死亡率は、一定のリスク集団に占める死亡数の割合で表わされる。この割合は、年齢によって大きく異なっており、西条村の年齢別死亡率を示すと次ページの図6のようになる（ただし、ここでは宗門改帳に記録された死亡のみを計算しているので、五歳以下の死亡率は実際の値より若干低めに示されている）。

死亡率の曲線は、全体としてU字の形をしており、死亡率は若年層と老年層で高く、中間層で低くなっていることを示している。なお、二一―四五歳で女子の死亡率が男子を上回るのは、出産に伴う死亡、すなわち妊産婦《にんさんぷ》死亡の影響を示しているが、それ以外の年齢層では一般に男子の死亡率が女子を上回っていた。このように、死亡リスクは年齢・性別により大きく異なるので、いくつかの階層に分けて分析することが望ましいといえるだろ

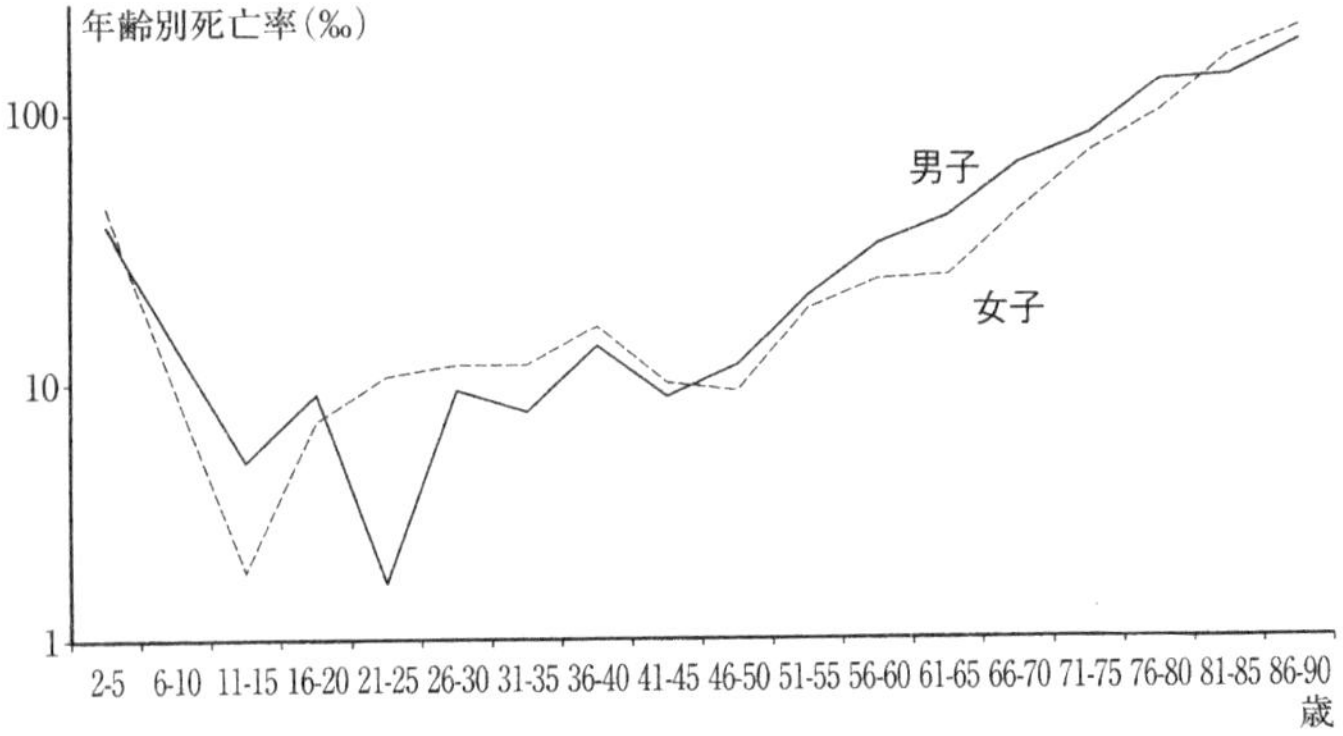

図6　西条村の年齢別死亡率

（出典）　速水融『近世濃尾地方の人口・経済・社会』（創文社，1992年）をもとに作成.

う。

数え年一歳の乳児死亡は宗門改帳では一部しか記録されないので、サンプルはかなり少なくなるが、それでもいくつかの死亡リスク要因が明らかになった。まず、経済指標の代表値である名古屋米価（年末の公定相場）は、男子の場合影響は有意ではなかったが、女子では一年のラグをおいて有意に影響している。また、世帯規模は、逆に男子にのみ正の影響がある。おそらく、世帯規模が大きくなると感染症のリスクが高まり、死亡率を高めたものと思われる。さらに親の存在、および姉の存在は、男女とも明らかに死亡率を減少させた。姉がいることが下の兄弟の生存率を高めていることは、いわゆる「一姫二太郎」という言い伝えが、実際に役立つことを示唆している。

次は、二―一四歳の子供の死亡要因である。名古屋米価は男女ともに一年のラグをおいて有意な影響が認められる。世帯規模も同じく、男女ともに正の影響があり、感染症の影響を示唆している。親の存在は、男子の死亡率を減少させているが、女子には有意な影響が見られない。この年齢層になれば、女子の方が親から自立する傾向が高まることが予想される。一方、姉の存在は男女ともに死亡リスクを減少させているが、女子の場合は妹の存在も死亡リスクの減少につながっている。姉妹の数が多いことは、それ自体、健康度を高める効果を持っていたことを示唆する結果だろう。また、男子の場合、この年齢層では戸主である者はそうでない者に比べて死亡リスクが高くなる影響が見られた。成人男子の不在による責任の増大がストレスを強めた可能性を示している。

さらに一五―五四歳の成人層の死亡要因は、以下のように観察された。まず、名古屋米価への反応は、興味深いことに男子ではタイムラグのない状態、すなわち当年価格に影響を受けているが、これに対して女子では有意な関係が見られない。世帯規模は男子について有意な影響があるが、乳児・子供の年齢層とは逆に負の相関があった。すなわち、世帯規模が大きいほど死亡リスクは減少するのである。さらに世帯を家族と奉公人に分けたモデルを計算すると、死亡リスクに関係するのは奉公人の数であることが分かる。要するに、奉公人を置いておけるような世帯は、それだけ経済力が高いことを意味しており、死亡リスクの低下に結びつくものと考えられる。一方、世帯構造による分類をすると、やはり男子にのみ影響が検出された。すなわち、直系家族内の男子の方が核家族内の男子よりも死亡リスクが低くなっており、世帯の状況が死亡リスクに強い影響を与えることが確認される。これに対して、女子の場合、世帯全体の状況はいずれも有意な影響が見られなかったが、むしろ、世帯内の同居状況が死亡リスクを左右するケースがある。中でも、姑《しゅうとめ》の存在は強い影響を持っていた。つまり、世帯内で姑と同居している場合、死亡リスクが高まるのである（一方、舅《しゅうと》の存在は有意な影響はない）。「嫁の地位の低さ」という問題は、伝統的日本に関する大きなトピックであるが、西条村の死亡リスク分析は、この点を実証的に裏づける重要な論点を提供している。

最後に、五五―七四歳の老年層の死亡要因は、次のような特徴を持っていた。まず、経済的変動の指標として名古屋米価と持高が観察された。米価では男女とも一年のラグを伴って死亡率リスクが上昇しているが、女子の場合は、当年の米価にも一定の反応を示している。一方、世帯の持高と関係あるのは女子のみであり、持高が少なくなるほど死亡率が上昇した。この年齢層では、経済的要因に対して男子よりも女子の方が強い死亡リスクを持つ可能性を示す結果といえるだろう。また、配偶関係は男女ともに影響がある。配偶者がいる者に比べると、結婚したことのない者の死亡率は明らかに高い。結婚には死亡リスクを軽減する効果が認められるのである。一方、世帯内の地位に関しては、直系血族および配偶者以外の女性、たとえば叔母・従姉妹といった続柄の者の死亡率は高い。また、娘と同居するか、あるいは息子に嫁を取るかという違いについては、男性にのみ影響があった。娘と同居する男親の死亡率は、嫁と同居する男親と比べ死亡リスクが低くなっていたのである（Tsuya and Hamano, "Mortality responses to rice price fluctuations and household factors in a farming village in central Tokugawa Japan"）。

宗門改帳へイベント・ヒストリー分析を適用すると、データの中に隠された意外な事実が次々に浮かび上がることに驚かされる。死亡リスクの要因分析では、男女間の格差の存在も明らかになった。全体としての死亡率は男子の方が高く、平均余命は女子の方が長いにも関わらず、乳児や高齢者などの弱者では女子の方が経済的なショックに対して強い影響を受けている。たとえば、米価への反応を比較すると、凶作時に乳児や高齢層では男子の方が女子よりも多くの資源《リソース》（食料など）を割り当てられた可能性が示された。世帯内における社会関係のあり方を考えるうえで重要な発見といってよいだろう。

同様のイベント・ヒストリー分析は死亡だけでなく、結婚や出生、また移動についても適用することができる。この分析以外にも、西条村を含め、いくつかの異なる分析結果が報告されており、江戸農村に対する新しい知見がもたらされた。

さらに重要なことは、イベント・ヒストリー分析は国際的な比較においても大きな力を発揮することである。すでに紹介したユーラシア人口・家族史プロジェクトでは、ヨーロッパ（スウェーデン・イタリア・ベルギー）とアジア（日本・中国）の五ヵ国について同じ推計モデルを用いた研究が進められており、世界的にも大きな注目を集めつつある（Bengtsson et al., *Life Under Pressure*, Tsuya et al. *Prudence and Pressure*）。

西条村の人口動態構造

江戸時代後期の一世紀間続く、西条村の宗門改帳から明らかになった事実を要約すると、次のようになるだろう。この村では、男子は平均して二七歳、女子は二一歳（いずれも満年齢）あたりで結婚し、出産可能期間を通じて結婚が続いた夫婦には約八人の子供が生まれている。

もっとも結婚や出産には経済階層による違いは大きかった。持高の大きな地主層では、相対的に早婚で、ほぼすべての者が結婚することができた。そのため、子供の数も多くなり家が存続する確率も高かったと思われる。一方、持高の少ない小作人層では、結婚前に出稼に出る者が多く、結婚も遅くなる傾向が見られた。

平均寿命は三〇代半ばにすぎず、現代から見れば非常に短命な社会だったように見える。しかし、寿命が短い最大の原因は子供の死亡率の高さである。宗門改帳からは残念ながら乳児死亡率を正確に知ることはできないが、一〇歳までに死亡する確率は三分の一程度にも及んだと思われる。

全体的に見ると、江戸後期の西条村は出生率も死亡率も高い状態、「多産多死」の社会であったが、それでも出生率は死亡率をかなり上回るレベルにあった。しかし、こうして生まれた増加人口を吸収する場所が村内には十分なかった。人口は都市に向け、一貫して流出する傾向にあったのである。

以上は、西条村という一つの村の宗門改帳から読み取れる人口情報であった。一冊の史料だけ見ると無味乾燥にしか見えない記録でも、一〇〇年分積み重なると予想もしない豊かな情報を提供してくれることに気づくだろう。もちろん、ここに描かれた姿は、日本中の村のたった一つのケースでしかない。近年、歴史人口学の研究は全国で行われるようになり、次々に新しい事例が積み重ねられつつある。西条村で見られた人口行動パターンは、全国どこでも見られたのだろうか、それとも、時期や地域によって違いが見られるのか。次の章では対象地域を広げてさらに検討を加えることにしよう。

人口から見た東西日本

地域人口の増加と減少

江戸幕府の全国人口調査

徳川八代将軍吉宗《よしむね》は、幕府三代改革の一つ、享保《きょうほう》の改革の立役者として名高い。定免制《じょうめんせい》という年貢率固定制の導入や、新田開発の促進といった政策は幕府の財政収入を高めたし、元文《げんぶん》の貨幣改鋳《かへいかいちゅう》は現代流にいえば金融緩和により景気回復を図る「リフレーション政策」の先駆けともいえるもので、江戸中期以降の経済に大きな影響を与えた。

ところで吉宗はこうした改革を進める前提として、さまざまな調査事業を行ったことも特筆すべきことだろう。具体的には、土地・産物・物価・流通などきわめて多岐にわたる調査が行われている。従来の先規にもとづく政治から新しい政治への移行にあたって、こうした事業が果たした役割は見逃せない。

このような調査の一つに、吉宗の将軍就任から六年目の一七二一年（享保六）から始まる全国人口調査がある。この調査は五年後の一七二六年に二回目が行われるが、以後、間隔は六年ごと十二支の子《ね》・午《うま》の年に固定されたので、「子午改《しごあらため》」という呼び方もある。このように六年ごと子・午の年に調査が行われたのは、古代の子午造籍が意識されたという説が有力であるが、そもそも全国に及ぶ人口調査が実施されるのも、律令時代以来のことであった。

この人口調査の結果は、国別・男女別に集計されたが、幕府がその結果を正式に公表することはなかったので、やがて記録も散逸するか破棄されたものと思われる。ところが、幕府の役人などが私的に写し取った記録があちこちに残っており、関山直太郎・南和男などの努力の結果、一七二一年から一八四六年（弘化三）まで二二回中、一九回分の人口（国別には一二回分）が判明している。

しかし、この人口調査は近代の国勢調査のように、すべての人びとを対象としたものではない点に注意しなければならない。具体的には、武士およびその家従は除かれているので、正確には庶民人口調査というべきである。また、藩によっては一定年齢以下を含めなかった事例も見られる。関山直太郎は、こうした「除外人口」は四五〇万から五〇〇万にものぼったと推測している（『近世日本の人口構造』）。

地域別の人口変動パターン

全国人口調査に除外人口を加えて江戸時代の総人口を推計すると、おおむね三〇〇〇万人から三二〇〇万人の間にほぼ収まり、一定のトレンドを持つこともない。したがって、この資料は江戸時代が「停滞社会」であったことの証拠という以外には、長いことあまり関心を持たれることもなかった。

ところが、このデータを地域別・時期別に集計した速水《はやみ》融《あきら》は、停滞というイメージの裏側には、意外にも地域によって人口変化に大きな違いがあること、また、江戸時代の三大飢饉をはさむ時期とそれ以外の時期では、人口増加率がまったく異なることを見出し、江戸時代の人口を停滞の一言で片づけることはできないと主張した。この発見の内容は、国別人口変化を示した七四・七五ページの図7に要約されている（なお、本図では蝦夷地《えぞち》と琉球が省略されている。蝦夷地に住む日本人は人口調査の対象となっており、一七二一年の一万五〇〇〇人余から一八四六年の七万人余へと人口は一貫して増加した。ただし、アイヌなどの先住民族は対象外であり蝦夷地全体の人口が調査されていたわけではない。また、薩摩藩は毎回、琉球一五島の人口を調査しているが、幕府の人口調査表には含まれなかった）。

まず、全期間の変化を示す図（A）を見てみよう。この図は、第一回人口調査である一七二一年（享保六）と判明する最後の人口調査年である一八四六年（弘化三）の間の人口増加率を国別に示したものである。総人口は、二六〇六万人から二六九〇万人へ増加したが、その差はわずか八四万人（三・二％）にすぎない。しかし、この変化を国別に観察すると、九州・中国・四国・北陸・東海では人口が一〇％以上増加した国が多数見られるのに対し、逆に東北・関東・近畿では一〇％以上の減少地域が多数観察される。つまり、一見すると停滞的に見える全国人口も、よく見ると増加した地域と減少した地域が混在しており、総人口の停滞はこの二つの変化が相殺しあうことによって生じた計算上の結果であった。

さらに、この変化率を三大飢饉をはさむ年（災害年）の累積変化率を示す図（B）と、それ以外の年（平常年）の累積変化率を示す図（C）に分解すると、また新たな違いが見えてくる。すなわち、三大災害年の場合、九州と、中国・四国の一部を除けば、ほぼすべての地域で人口変化率はマイナスとなるのに対して、平常年では北関東という例外を除き、人口変化率がほとんどの地域でプラスとなっている。江戸時代の人口は、全国人口の数字だけを見て「停滞」と理解することは間違いであり、実態としては、増加と減少が絡み合

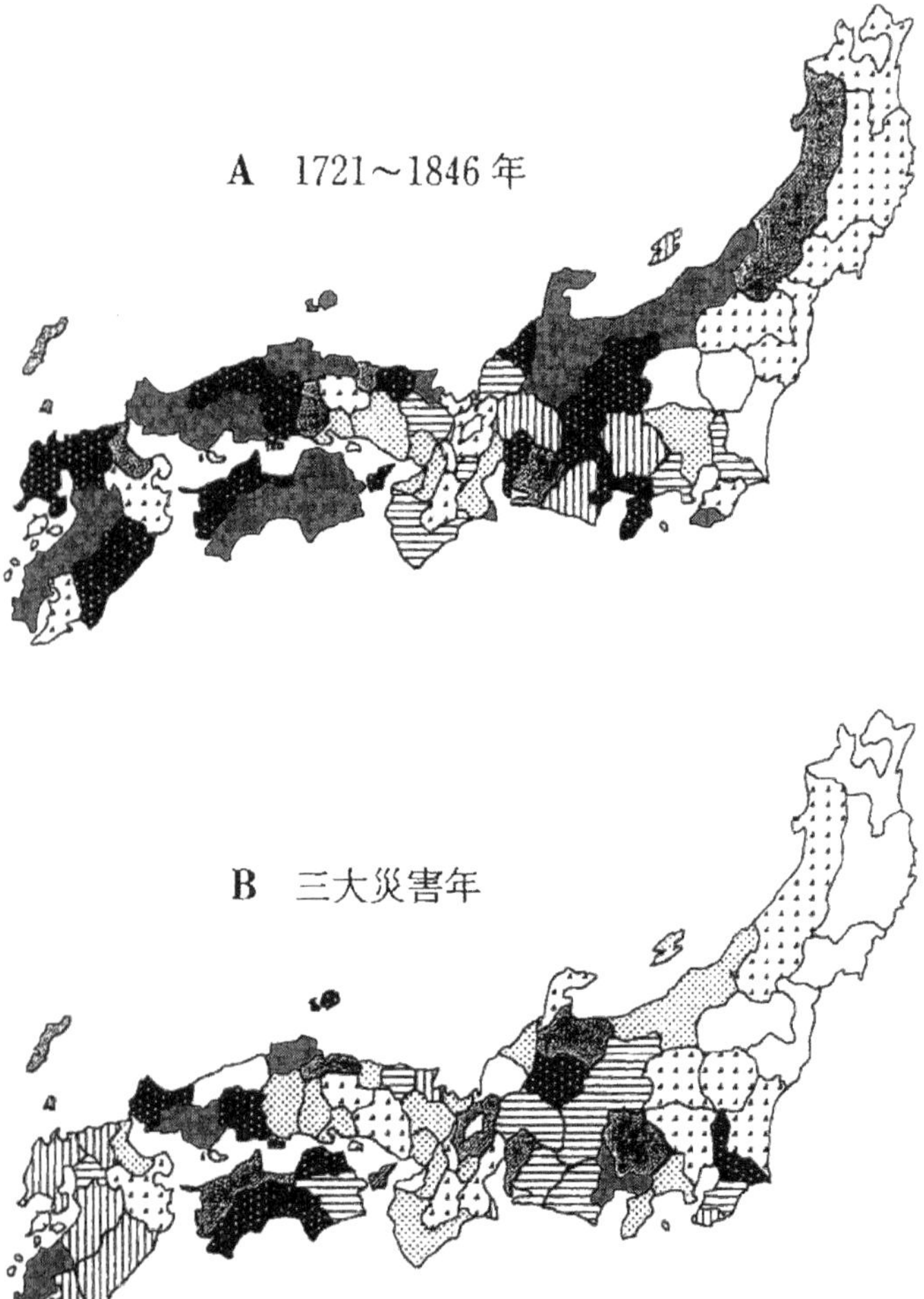

図7　江戸時代の国別人口変化

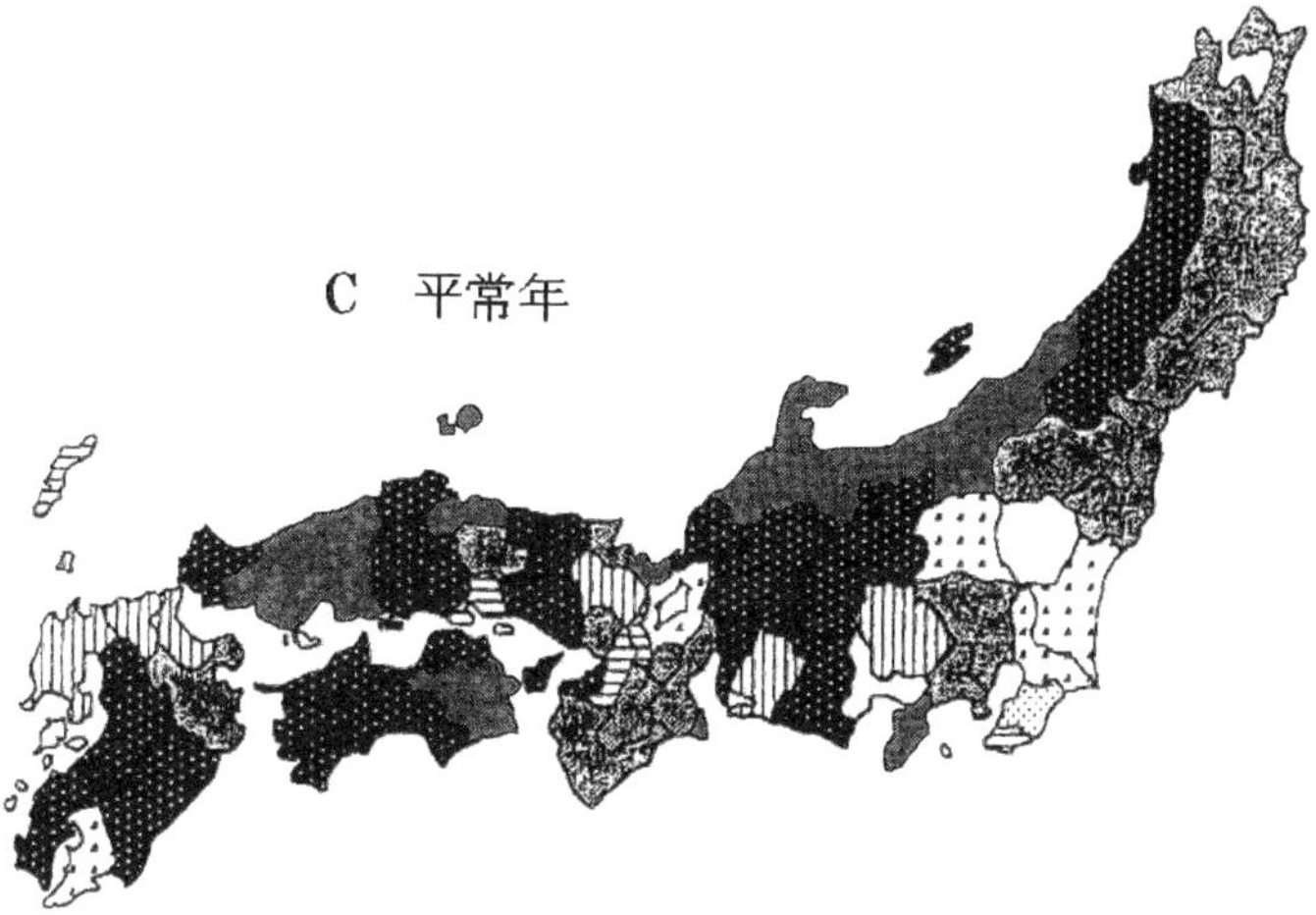

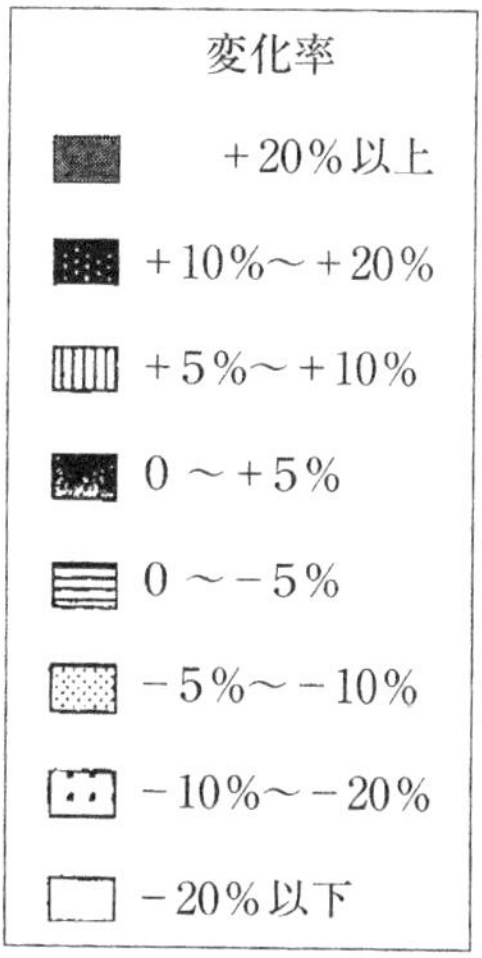

（出典）　速水融「徳川後期人口変動の地域的特性」69・71・72ページをもとに作成.

う変動の大きな社会として理解すべきであると速水は主張する。

地域人口の変動要因

では、このような人口変動の違いをもたらしたものは何だったのだろう。これらの地図からまず容易に想像できることは、地理的条件が大きな違いをもたらしたということである。地球規模で見れば小さな島国にすぎない日本であるが、細長く南北に延びているため、気候条件には北と南で大きな違いがある。また、北海道の北東、オホーツク海から夏に吹く風は、しばしば太平洋側に冷害をもたらすが、日本の中央に横たわる脊梁《せきりよう》山脈にぶつかると日本海側では逆にフェーン現象を発生させる。そのため、太平洋側と日本海側の間でも気候条件には相当の開きが生じるのである。

さらに、人口減少が関東・近畿といった江戸時代の中心地域においても起こったことも注意すべき点である。江戸幕府は江戸・大坂・京都をいずれも直轄地としてその都市発展に力を注いだため、元禄期（一六八八―一七〇四）ころまでにいずれも巨大都市へと発展した。しかし、近世後半に入ると、その拡大にも終止符が打たれ、やがて人口は周辺地域を含めて減少傾向を示すことになった。そのため、近世後期だけを取り出すと、都市化と人口増加の間に、負の相関が観察されるのである（速水融「徳川後期人口変動の地域的特性」）。

前章まで詳しく観察してきた西条村を含む美濃《みの》国は災害年において人口は微減となる一方、平常年では二〇％以上の高い増加率を示している。西条村の人口変動も前半部分では減少傾向を示していたが、よく見ると人口減少期は、天明《てんめい》・天保《てんぽう》という災害年に集中していた。それ以外の時期は、どちらかといえば、人口は横ばいだったというべきだろう。

全国人口の変動を見れば、西条村を含む美濃国の人口変化のパターンは、必ずしも日本全体に共通したものではなかった。そこで、次に見るのは、美濃国とは対照的に人口が近世後半に大きく減少した陸奥《むつ》国の農村人口の観察事例である。

陸奥国は、現在の東北地方東側全体をカバーする、きわめて大きな地域であるが、その中に二本松藩という石高一〇万石を持つ格式の高い藩があった。寛永年間（一六二四—四四）から幕末まで丹羽氏が代々支配した外様《とざま》藩であるが、この地域には記載内容の非常に豊富な人口史料が残されており、近年もっとも歴史人口学の研究が進んだ地域である。以下では、二本松藩の農村史料を用いながら、人口減少地域の変動内容について観察してみることにしよう。

二本松藩の農村人口

人別改

江戸時代の歴史人口学のもっとも重要な史料は、すでに濃州《のう》西条《にしじょう》村の事例で詳しく紹介した宗門改帳であるが、その表題は村によってさまざまに異なっている。幕府直轄領の場合、一般に「宗門人別改帳《しゅうもんにんべつあらためちょう》」という名前がつけられていることが多い。この表題に含まれる「宗門改」と「人別改」という二つの調査はそれぞれ起源を異にする別個の調査が宗門人別改帳において一つに合わさったものである。

宗門改の開始についてはすでに述べたが、人別改とは何だろうか。この調査は、近世初期、所領の一円支配が始まるとともに実施された夫役《ぶやく》の負担調査、すなわち土地・人数・牛馬数などの調査に起源を持つものであり、場所によっては人畜改《じんちくあらため》という名前で行われた。

人別改は領主にとって重要な経済情報をもたらすものであったが、いつ実施するかということが特に定まっているわけではなく、個々の領主の必要によって随時行われるものだった。なお、夫役の負担という観点からいえば、領民の性別・年齢は重要な情報であり、必ず記載が行われている。一方、夫役の対象とならない年齢の者、たとえば子供や老人は調査対象から除外された場合もあった。

これに対して、宗門改はキリスト教禁止政策という江戸幕府の政策にもとづくものであり、子供の場合は例外もあるが、大人であればすべての者が対象となった。ただし、年齢は必ずしも必要な情報ではなかったので、初期の宗門改帳では記載されないものが多いし、また、一部の都市では幕末にいたるまで調査対象とならなかった事例もある。

領民に対する二つの調査の目的はまったく異なっていたが、個人を対象とする調査という点では共通していた。「宗門人別改帳」というような表題は、毎年行われる宗門改に、随時行われていた人別改という調査の要素が入り、両者が統合されたことを示している（速水融『歴史人口学の世界』）。宗門改には特に関係のなさそうな、土地、牛馬、あるいは出稼といった情報の記載も、人別改の調査内容が盛りこまれたと考えれば、容易に理解できるだろう。近世中期以降でも時おり、「人別改帳」という表題の史料が作成される場合があるが、ごく散発的なものにすぎず、調査時期や調査項目が宗門改と合わなかった例外的なケースだったと考えられる。

二本松藩の人別改帳

ところが、人別改帳が宗門改帳に統合されず、独立した調査として毎年行われた事例があった。陸奥国二本松藩の人別改帳がそのケースである。一九一七年（大正六）、戊辰殉難者五〇年祭に際して編纂された『二本松藩史』は、代官の仕事として三月に「人別改出郷の事」と記す一方、四月には宗門奉行へ「宗門改廻村休泊等申来る」という項目をあげ、人別改と宗門改が別個の調査として行われていたことを明記している。すなわち、二本松藩では、まず三月に人別改帳を作成し、代官が各村を巡回して村民一人ひとりに面接して提出を命じた。そして、翌四月、今度は宗門奉行が各村を巡回し、別個に宗門改帳を提出させたのである。このように二つの調査が別々に行われるのは、近世初期の形態をそのまま残した、きわめて特異なケースといえる（二本松藩史刊行会編『二本松藩史』）。

二本松藩では、他領のような調査の整理統合がなかったことが、結果として、非常に詳しい人口データをわれわれにもたらすことになった。二本松藩の人別改帳は、宗門改帳では不可欠な檀那寺《だんなでら》の記載を欠くものの、一般の人口史料には見られないような項目も列挙されている。記載様式をあげれば、次のようになる。

持高本田九石八斗四升八合
新田弐石壱斗弐升九合
借高新田九升三合　　寛政八辰年より五年来庄吉へかり地
作高本新〆拾弐石七升
一　平次郎女房いそ　年廿九　身請引込申候
一　嫡男平蔵　年八ツ　（後筆）「帳面仕立後死失」
一　親平兵衛　同五拾九
一　女房りつ　同五拾六
〆四人内　二人男
二人女
一　家主平次郎　年三十四　当村遠藤新十郎方給取

これは、一八〇〇年（寛政一二）「二本松藩領安達郡仁井田村《にいた(だ)》人御改帳」の一部分である。まず、最初に持高が本田・新田に分けて記載されているが、それ以外に持高の貸借も書かれており、差し引きした実際の耕作高も判明する。右のケースでは、持高以外に若干の土地を五年前から借りており、あわせて一二石余が耕作されている。

また、この家の本来の戸主は末尾に別記されている平次郎であるが、彼自身は村内の遠藤新十郎家に奉公に出ているためこの家の人数の集計には含まれず、筆頭人は奉公先から身請して家に戻った妻になっていることが分かる。すなわち、この人別帳は居住の事実にもとづく「現住地主義」によって記載が行われているのであり、奉公などによる一時移動も把握できるという点においても、すぐれた人口史料ということができる（平井晶子『日本の家族とライフコース』）。

仁井田村と下守屋村

二本松藩は宗門改とは別個に人別改を一貫して行った藩だけに、その記載は現住人口および移動、さらに土地所有高・耕作高・家畜など、詳細な内容にわたっており、歴史人口学の史料として第一級のものである。ただし、これまで確認された二本松藩の人別改帳が長期にわたって連続して残存した事例はかなり限られてしまう。ここで取り上げる仁井田村および下守屋《しももりや》村の事例は、カバーする期間が長く欠年が少ないという点で、もっとも良質の史料と考えられている。

仁井田村（現、福島県本宮《もとみや》市仁井田）は、現在、東北本線の本宮駅から南に一キロほどの場所に位置する江戸時代の村である。中央を奥州街道が通っており交通のうえでは便利な場所といえるが、北隣が本宮宿、南隣が高倉宿と二つの宿場に完全に挟まれているので、人も荷物もまったくの素通りとなってしまい、農村の域を出る部分はほとんどなかったようだ。実際に明治初年の記録によると、村人はすべて農業従事者であって職人などの渡世はないと書かれている。なお、仁井田村は一五九四年（文禄三）蒲生《がもう》氏が作成した「高目録」には新田と記載されており、江戸時代に入ると新田村という名前に変わった。つまり、仁井田という村名はもともと新田を意味する名前であり、新しく開かれた場所であることを示している。村境にそって五百川《ごひやくがわ》という川が流れているが、水利の便はけっして良いわけではなく、水をめぐるトラブルが絶えなかった。一方、近世後期に藩が桑の植付制限を緩和すると、養蚕《ようさん》が盛んに行われたという記録が残されており、わりあい裕福な部類の村だったと思われる。

一方、下守屋村（現、福島県郡山《こおりやま》市三穂田町下守屋）は郡山宿から西に向かって延びる長沼街道を二〇キロほど行った山裾の台地上に位置する村であった。守屋という地名は、飯盛山の麓にある集落という意味であり、やがて、町守屋・里守屋・下守屋などの村に分かれる。蒲生氏の高目録にも守屋の名前が登場するが、そこには田畑の地味によるランクづけが記載されており、守屋は「下」に位置づけられていた。すなわち、下守屋村のあたりは肥沃度から見れば一段劣る場所だったのである。江戸時代の記録から見ても米の収穫量は少なく、養蚕にも適さない土地柄であった。

農村人口の変動パターン

仁井田村と下守屋村には一八世紀前半から幕末にかけて、およそ一五〇年間続く人別改帳が残されており、両村の現住人口の推移は図8のように表わすことができる。仁井田村は街道筋の城下町や宿場に近い村、下守屋村は山裾の辺鄙《へんぴ》な場所の村と、その地理的特徴はまったく異なっていたが、人口の推移は全体的にはよく似ている。すなわち、一八世紀後半に総人口はおおむね減少傾向を示し一九世紀前半にいたる。最後の落ち込みは天保期（一八三〇―四四）であり、そこからは逆に増加傾向を示す。なお、下守屋村の場合、最初の三五年ほどは人口の漸増が見られるが、これは他村からの移入と、一部の家で奉公人の増加があったためであった（成松佐恵子『近世東北農村の人びと』、同『江戸時代の東北農村』）。

ところで、すでに見た西条村の人口も前半期は減少傾向にあったが、この減少は天明《てんめい》・天保《てんぽう》という近世の三大飢饉《ききん》年の中に数えられる時期に特に顕著であり、それ以外の時期と

図 8　仁井田村と下守屋村の人口

（出典）　Tsuya Noriko O. and Satomi Kurosu. "Mortality and Household in Two Ou Villages, 1716-1870" 262ページをもとに作成.

は明確なコントラストがあった。これに対して、仁井田村・下守屋村の人口減少は必ずしも飢饉の時期だけに限らず、より連続的な人口減少という様相を示しているように見える。

　では、このような減少パターンは、地域全体の人口変動の中にどのように位置づけられるのだろうか。幸いなことに、二本松藩については庶民人口の数値を一六七〇年代から断続的に得ることができる。この数値は一部の年では出稼ぎ・欠《かけ》落《おち》で不在の者も含まれると考えられるなど疑問も残るが、少なくとも一七世紀末から長期にわたる人口減少は藩全体としてのトレンドで、一八世紀後半にはさらに加速しており、この点は仁井田・下守屋両村の人口変動とも矛盾しない。仁井田村の人別改帳は一七二〇年（享保五）以降しか得ることができず、また、下守屋村も連続して史料の得られるのは一七一六年以降となるが、この時期の人口減少メカニズムを知ることができれば、おそらくは二本松藩全体の人口減少理由が判明するだろうし、さらにまた東北から北関東にかけての人口減少地域の様相を知るうえで一つの見通しが得られると思われる。そこで、次にこの二ヵ村の人別改帳から得られる詳細な人口データを検討することにしよう。

近世東北の「少子化」社会

人口減少理由

二本松藩仁井田《にいた(だ)》村と下守屋《しももりや》村の人別改帳から、少なくとも近世中期以降、長期にわたる人口減少が生じていたことが明らかになった。一方、天保期（一八三〇—四四）を過ぎると一転して人口は増加に転じており、何らかの大きな変化があったことを示している。しかし、総人口の観察だけでは、なぜ、このような人口変動が生じたのかを明らかにすることはできない。その理由を探るためには、西条村のケースと同じく、人口増加の内容をまず、自然増加（出生と死亡）と社会増加（移動）に分けて考える必要があるだろう。

そこで、おおむね二五年ごとに仁井田村と下守屋村の自然増加率・社会増加率・人口増加率を求めたのが表6である。なお、理由不明の変動は社会増加に含めたが、その数はきわめて少なく人口変動全体の〇・五%程度であり、誤差の範囲と考えてよいだろう。

表を見ると、一八二五年（文政八）を境にして大きな違いが見られることが明らかである。すなわち、一八二五年まではほとんどの時期で両村ともに人口増加率はマイナスであり、その理由はもっぱら自然増加率が負の値を示していたことにある。なお、下守屋村では一八世紀前半に一時期、人口の増加が見られるが、この理由はもっぱら村外からの転入によるものであり、自然増加率はやはりマイナスであった。これに対して、一八二六年からの四半世紀はその中に天保の危機の時期を含むにも関わらず、両村ともに人口増加率はプラスに変わる。自然増加率も大きくプラスに転じているが、天保の危機の時期を除くと、その増加率がいっそう高まることは間違いない。一方、社会増加率の変動はプラスとマイナスが混在し振幅の幅がかなり大きくなっており、一定のトレンドを持たなかった。

西条村の人口変動と、仁井田村・下守屋村の人口変動は、人口減少から人口増加への転換という点から見る限り一見するとよく似ているように思われる。しかしながら、その変動の理由はまったく異なる。西条村の人口減少は、主に出稼ぎや引越といった村外への移動によってもたらされていた。すなわち、出生率は高いレベルにあり潜在的には人口増加の状態にあっても流出が続いていたため、前半期には人口が減少していたのである。これに対して、仁井田村・下守屋村の人口減少は、明らかに死亡率が出生率を上回るためであり、天保期以前の自然増加率は一貫してマイナスになっていた。

表6　仁井田村・下守屋村の年代別人口変動率

（仁井田村）

年　代	自然増加率	社会増加率	人口増加率
1720－1750	－10.4%	6.9%	－3.5%
1751－1775	－6.2	－4.8	－11.0
1776－1800	－10.8	6.3	－4.5
1801－1825	－12.7	1.8	－10.9
1826－1850	12.7	6.4	19.1
1851－1870	19.9	－1.3	18.6
全期間	－9.5	12.6	3.2

（下守屋村）

年　代	自然増加率	社会増加率	人口増加率
1716－1725	0.0%	－4.4%	－4.4%
1726－1750	－6.9	16.2	9.3
1751－1775	－14.1	－11.2	－25.3
1776－1800	－15.3	7.2	－8.1
1801－1825	－11.4	2.3	－9.2
1826－1850	9.0	2.9	11.9
1851－1872	5.5	13.8	19.3
全期間	－33.1	24.0	－9.1

（出典）　成松佐恵子『近世東北農村の人びと』（ミネルヴァ書房，1985年），同『江戸時代の東北農村』（同文館，1992年）をもとに作成．理由不明の変動は社会増加率に含めて計算した．

二本松藩農村の結婚パターン

出生数より死亡数が多く長期的に人口が減少する社会といえば、「少子社会」というような、きわめて現代的な現象であると考えがちである。しかし、近世中期の二本松藩農村においては、現代日本と同じような長期的人口減少が生じていた。では、なぜこのような状況が生まれたのだろうか。以下では、成松佐恵子・津谷典子・黒須里美・平井晶子らの研究によりながら仁井田村と下守屋村の人口再生産構造をより詳しく見てゆくことにしよう。

出生を規定する要因は、結婚年齢（とりわけ初婚年齢）と、結婚後の出生率に分けることができる。そこで、まず初婚であることが確実な例を取り出して初婚年齢（数え年）を計算したのが表7である。出生率の低さは、一般には高い結婚年齢と結びつくと考えられるが、仁井田村も下守屋村も実際には驚くほど初婚年齢は低い。西条村と比較するとその差は、男子で約一〇歳、女子で約八歳と非常に大きな差がある。ただし、仁井田村・下守屋村は一八世紀の前半からのデータをカバーしているのに対し、西条村は一八世紀後半以降であり、時期的なずれについても考慮しておく必要があるだろう。そこで、仁井田村と下守屋村について、出生率に影響を与える女子の初婚年齢の変化を見ると、仁井田村は最初の二五年間の一三・二歳から最後の二〇年間の一六・一歳へと二一・九歳の上昇、下守屋村は最初の一〇年間の一一・二歳から最後の二〇年間の一八・七歳へと七・五歳の上昇があった。両村とも幕末期までには初婚年齢の上昇が見られたが、それでも西条村とはかなりの開きがあり、明らかな早婚が観察されるのである（成松佐恵子『近世東北農村の人びと』、同『江戸時代の東北農村』）。

東北地方の初婚年齢が低いことは明治期の統計からも確認されており、トイバーはその理由を東北地方の未発達な産業に求めた（トイバー『日本の人口』）。仁井田村・下守屋村の観察結果は、その傾向が江戸時代をさかのぼるほど強かったことを示唆しているが、女子の数え年一五歳前後というきわめて早い結婚の理由を産業の発達度だけに求めることは無理だろう。時には、一〇歳未満となる初婚年齢には、とにかく早めに嫁を確保せねばならない理由があったはずであり、何らかの説明が必要となる（この

表7　仁井田村・下守屋村・西条村の男女別初婚年齢

村名・年代	男　子	女　子
仁井田村　1726－1870	19.6	15.0
下守屋村　1716－1863	17.8	14.3
西条村　1793－1869	28.8	22.5

（出典）成松佐恵子『近世東北農村の人びと』（ミネルヴァ書房，1985年），同『江戸時代の東北農村』（同文館，1992年），Kurosu, Satomi, Noriko O. Tsuya and Kiyoshi Hamano. “Regional Differentials in the Patterns of First Marriage in the Latter Half of Tokugawa Japan” をもとに作成．

（註）年齢は男女とも宗門改帳の年齢（数え年）．

点は、次節でさらに検討する）。

ところで、結婚が早いからといって出産可能期間がただちに長くなるわけではない。すなわち、結婚は離死別によっていつでも解消される可能性があるからである。仁井田村に関する平井晶子の研究によると、結婚は三年以内に一割が終了しており、一〇年では四割が終了したという。西条村の場合、一〇年以内に終了した結婚は二六％なので、結婚継続期間は仁井田村の方が短かかった。また、終了理由のうち、離婚の占める割合は、仁井田村が三一％に対し、西条村は一六％となり、仁井田村の方が離婚率は高い（平井晶子『日本の家族とライフコース』、速水融『近世濃尾地方の人口・経済・社会』）。

また、離死別によって結婚が解消されなくとも、出稼ぎなどの一時移動によって夫婦の別居が生じた場合、出生に影響を与えることが考えられる。仁井田村では奉公の経験率は、男子四五・三％、女子二三・五％であり、西条村のそれぞれ五〇・三％、六二・〇％と比べると、女子については明らかに低い。しかし、この違いの背後には、西条村が奉公を経験してから結婚というパターンを取るのに対し、二本松藩の二ヵ村では奉公へ出るとしても結婚後に行う者が多いという事情があった。結婚後に奉公が行われる場合、当然のことながら出生率にはマイナスの影響が生じたと考えられるだろう。

出生率の水準と間引きのパターン

次に、津谷典子・黒須里美の研究により仁井田村と下守屋村の出生率の水準を観察することにしよう。次ページの表8においては、この二つの村はほぼ同じような人口学的特徴を持っているという前提にたって、二ヵ村のデータをプールした数値が示されている。まず、合計出生率は分母にすべての女子を取るので、女性が出産可能期間を生き延びた場合の出生数を意味するが、観察期間全体では二・九九となる。もちろん人別改帳では、すでに述べたとおり乳児死亡が観察されないので、ここでの合計出生率は最初の人別改まで生き延びた子供の数字である。この合計出生率を時期別に見ると一七六〇—九九年が二・六二で最低となるが、この低下は天明の飢饉の影響を反映したものだろう。一方、天保クライシス期を過ぎた一八四〇年以降では合計出生率は三・四九へと明らかな上昇を示している。

次は、結婚後の女子の出生水準を示す合計結婚出生率を見てみよう。全期間の値は三・五四となっており、もし登録前の死亡が一五％漏れていたとすれば、平均して一組の夫婦から四・〇七人の子供が生まれるという計算になる。この数字は西条村の八・〇八—八・六二人に比べるとおよそ半分にすぎないレベルである。

低出生率の理由として注目されるのが、子供の性別ごとに見た出生率である。観察期間

表8　仁井田村・下守屋村の年代別合計出生率と合計結婚出生率

年代	合計出生率	合計結婚出生率
1716－1759	3.04	3.32
1760－1799	2.62	3.16
1800－1839	3.06	3.90
1840－1870	3.49	4.26
全期間	2.99	3.54

（出典） Tsuya Noriko O. and Satomi Kurosu. "Family Household and Reproduction in Northeastern Japan, 1716 to 1870" をもとに作成.

（註） 母親の年齢は宗門改帳の年齢（数え年）の15–49歳.

表9　仁井田村・下守屋村の生存子男女組合せ別出生性比

生存している女子の数	生存している男子の数			合　計	男子出生数
	0	1	2＋		
0	90.7	96.5	94.2	92.6	750
1	124.9	129.7	130.0	124.2	411
2＋	204.7	126.7	(122.2)	167.1	137
合　計	106.1	108.4	99.1	106.1	1298
女子出生数	755	357	111	1223	2521

（出典） Tsuya. Noriko O. and Satomi Kurosu. "Family Household and Reproduction in Northeastern Japan, 1716 to 1870" 266ページをもとに作成.

（註） 出生性比とは女子の出生数を100としたときの男子の出生数. 出産可能年齢にある有配偶女子の出生数のみを計算. (　) 内の数字はサンプル数が30未満の数字.

全体の合計出生率二・九九を男女別に見ると、男子一・五四、女子一・四五とわずかに男子が多いものの、性比は女子一〇〇に対して男子が一〇六とほぼノーマルな範囲に収まっている。しかし、もっとも出生率の低かった一七六〇―九九年に限るとその比は一一七にまで上昇し、女子に対する意図的な出生制限が行われていたことを示唆する数字を示していた。

ところが、津谷・黒須は仁井田村・下守屋村の出産行動パターンが単なる女子の出生制限という以上に複雑な仕組みを持っていたことを明らかにしている。表9は、仁井田村と下守屋村における出生性比を、出産時点における生存子の性別の組み合わせ別に表わしたものである。興味深いことに、生存子が一人もいない状態の性比は女子一〇〇に対して男子九〇・七とむしろ女子の方が選好されたことが分かる。同様に、女子がまったくいない場合にも、男子の数に関わりなく女子が選好される傾向が見える。しかし、一人でも女子がいる場合、ほとんどの組み合わせで性比は一〇〇を大きく超えており、明らかに男子が選好されていた。津谷・黒須は仁井田村と下守屋村における出産行動について、「性別選択的であるとともに出産数を考慮した洗練されたやり方で間引きが広く行われており、比較的少ない子供数でありながら男女のバランスが取れた（またおそらくは男女の順番まで考えた）組み合わせを達成しようとしていた」のであり、「家族と世帯の生活水準を、このような出産行動によって維持しようとした」と評価している（Tsuya and Kurosu, "Family, Household, and Reproduction in Northeastern Japan, 1716 to 1870"）。

死亡率の水準

最後に、自然増加率のもう一つの決定要因として死亡率を観察しよう。まず、全体的な死亡率の水準を表す指標としては、表10に示された生命表を検討する。この生命表も仁井田村と下守屋村のデータを合わせて計算したものであり、男女別に五歳刻みの平均余命が示されている。

仁井田村・下守屋村の人別改帳登録時の平均余命は男女とも四二歳である。これまで知られている江戸時代農村の平均余命（数え年一歳時）は前述の美濃国西条村のほか、信濃《しなの》国諏訪《すわ》郡横内《よこうち》村の男子四二・七歳、女子四四・〇歳、飛驒《ひだ》国の複数の農村における男子四三・七歳、女子四一・九歳、および美濃国ナカハラ村（仮名）の男子四六・一歳、女子五〇・八歳などの事例が知られているが、これらと比較すると二本松藩の二ヵ村はほぼ最低レベルで、死亡率は全国的に見てもきわめて高い水準にあった。なお、この数字には、乳児死亡が含まれないので、出生パターンの分析で確認された性別選択的な「間引き」の影響は含まれていない。つまり、仁井田村・下守屋村では出生率の水準が低いうえに、さらに満一歳以上の死亡率も高かったのであり、結果として長期にわたり自然増加率はマイナスを示したのである。

表10　仁井田村・下守屋村の男女別生命表

年齢	男子		女子	
	年齢別死亡確率(q_x)	平均余命(e_x)	年齢別死亡確率(q_x)	平均余命(e_x)
1－4	0.211	42.2	0.193	42.1
5－9	0.086	49.0	0.060	47.8
10－14	0.030	48.4	0.025	45.7
15－19	0.036	44.8	0.047	41.8
20－24	0.047	41.4	0.049	38.7
25－29	0.031	38.3	0.059	35.5
30－34	0.032	34.5	0.068	32.6
35－39	0.043	30.5	0.061	29.8
40－44	0.059	26.7	0.080	26.6
45－49	0.067	23.3	0.053	23.7
50－54	0.088	19.7	0.074	19.9
55－59	0.131	16.4	0.114	16.3
60－64	0.120	13.5	0.135	13.0
65－69	0.245	10.0	0.275	9.6
70－74	0.382	7.4	0.400	7.3
75－79	0.539	5.4	0.535	5.5
80＋	—	3.9	—	4.2

（出典）Tsuya Noriko O. and Satomi Kurosu. "Mortality and Household in Two Ou Villages, 1716-1870" 267ページをもとに作成.

（註）年齢は男女とも宗門改帳の年齢（数え年）.

仁井田村・下守屋村の人口変動パターンを細かく見てゆくと、西条村とはきわめて対照的なメカニズムの存在が明らかになった。西条村では、たとえ飢饉や流行病などで人口が減少した場合でも、前後の時期を含めてみれば出生率が死亡率を明らかに上回り、自然増加率はプラスの状態にあった。それでもなお、人口が減少したとすれば、それは人口流出があったためであり、具体的には都市へ向かう人口移動が原因だった。たとえていえば、西条村の人口変動は、高度成長初期の農村とよく似たメカニズムを持っていた。出生率が比較的高く、多くの子供が生まれたため余剰部分は都市へ移動し、一部はそこで定着するというのは、江戸時代の中央日本にもかなりよくあてはまるストーリーなのである。

東北の「少子化」社会

これに対して、仁井田村・下守屋村では江戸時代を通じて、際立って早婚な社会が存在したという点がまず特徴としてあげられる。とりわけ一八世紀前半には女子の初婚年齢が一二歳前後であったという事実には驚きを覚えざるを得ない。それにも関わらず、きわめて出生率が低かったのは子供数を少なく、かつ性別のバランスを取ろうとした意図的な出産制限の結果だった。性別選択的ということは、その手段として「間引き」が選ばれていたことを示している。成人まで生き延びることが期待される子供の数は三人であり、より具体的には「まず最初に娘、つづいて二人の息子」だった。後継ぎとなるべき男子の確保は家の存続にとって必要不可欠だったことが、息子の数を娘よりも増やした理由であると思われる（Tsuya and Kurosu, "Family, Household, and Reproduction in Northeastern Japan, 1716 to 1870"）。

もし、死亡率のレベルがそれほど高くなければ、つまり三人の子供が確実に成人できれば、人口の再生産は可能なはずである。しかし、自然条件の厳しい近世の東北では、死亡率のレベルは中央日本より高かったし、よりよい条件を求めて社会移動も発生した。結局のところ、希望子供数のレベルは低すぎたのであり、その結果、仁井田村・下守屋村で長期にわたって人口減少が続いたのである。このような状況の改善は、（乳児死亡を除く）希望子供数が四人を超えてゆき、すなわち複数の女子を確保することが期待されるようになった一八四〇年代以降まで待たねばならなかったといえるだろう。

東西日本の人口と家族

美濃国西条村と陸奥《むつ》国二本松藩仁井田《にいた(だ)》村・下守屋《しももりや》村の比較から、江戸時代の日本は結婚年齢や出生率・死亡率といった人口学的特徴のまったく異なる人びとが同時に暮らしていた社会だということが明らかになった。とりわけ、結婚年齢と出生率の大きな違いは、印象的である。現在の日本でも、たとえば東京と地方都市では、ある程度の差が見られるが、結婚年齢が一〇歳も違ったり、子供の数に二倍の差があったりというような違いは考えられないだろう。

近世東北は後進的か？

ところで、こうした東北の異質性を経済的な後進性に求める考え方が古くから存在する。たとえば、「白河以北一山百文《しらかわいほくひとやまひやくもん》」ということばは戊辰戦争《ぼしんせんそう》に敗北した東北地方を侮蔑して官軍が使ったことばであるが、その後、東北が後進的であるというイメージを作り出す一つのきっかけとなった。また、経済史の研究では、戦前から「東北日本型」「西南日本型」という概念が生み出され、東北の経済的後進性が強調されてきた。すなわち、近世の東北では相対的に技術水準が低く、農民の間には地主への隷属というような身分格差が残り、しばしば大家族制度が残ったというような評価がなされたのである。さらに、家族史の研究においても、東北では先進地域の近畿地方に比べ「家」の確立が遅く、その原因は経済的な後進性にもとづくという議論がある。つまり、近畿地方では早くから開墾が進んだ結果、均分相続から単独相続へという変化が生じ、その結果として多くの「家」が自立を果たす。一方、こうした変化に時間的ずれの生じた東北地方は、「遅れた近畿パターン」として「家」の成立を見たのだという考え方であった。

これに対して、東北の異質性は、中世後半から近世にかけて進行した気候の寒冷化による自然条件の変化への対応であるという新しい考え方が、近年、速水融《はやみあきら》によって提唱されている。

気候史の研究によれば、日本列島は一三世紀末に温暖で乾燥した気候（中世温暖期）から、寒冷で湿潤な気候（小氷期《しょうひょうき》）へと大きな変化がおとずれた。温暖期は一見すると農業に適した気候のように思われるが、実際には乾燥化が進行したため西日本を中心に旱害《かんがい》が続発した。これに対し、東日本では温暖化の恩恵により穀物生産が大きな伸びを見せ、豊穣な時代を享受していた。一一世紀末から一二世紀末にかけ、一〇〇年続いた奥州藤原氏三代の繁栄は、まさにその象徴ということができるだろう。

ところが、一四世紀から地球規模での寒冷化が始まり、この気候は一九世紀半ばまで続く。そのピークは、一六〇〇―一八五〇年と考えられており、江戸時代とほぼ重なりあっている。日本列島における寒冷化の影響は、東北地方の稲作にもっとも厳しい影響を与えた。稲の生育にとって決定的に重要なのは水と日照である。水は灌漑《かんがい》設備の構築によって人為的に確保することが可能であるが、日照は人工的に作り出すことが不可能であり自然条件に完全に依存する。寒冷化の進行は、日照不足による凶作を増加させたが、その最大の被害者は東北地方だったのである。

速水融によれば、結婚年齢が低く出生率も低い東北農村のパターンは、「世帯内生産年齢人口比率」(ここでは、世帯における一六―六〇歳の構成員の比率と定義される)を一定の幅の中で安定させるための人口行動であり、厳しい自然条件に耐えぬくための合理的行動であるという。すなわち、結婚年齢が低ければ、それだけ世代間隔が狭まり、三世代家族の割合が高まることになる。また、出生率を必要最低水準にとどめれば、それだけ従属人口の数を減らすことができる。速水は、シミュレーションを用いてこの点を数量的にも立証し、特に東北日本においては、世帯内生産年齢人口比率が「危険水準に落ち込まないように保つメカニズムが働いていた」としたのである（『歴史人口学研究』）。

江戸の「子ども手当」

ところで、世帯レベルでは合理的な行動であったとしても、社会全体として考えると人口減少は深刻な影響を及ぼすことになる。たとえば、江戸時代の年貢は村を単位として納める決まりであり、村民は連帯して納入の責任を負っていた。年貢を納める百姓がいなくなれば、誰か同じ村の者が代わりに納めなければならないので、人口減少に伴って年貢負担はどんどん重くなる。こうしたところでは百姓の逃亡が相次いだので、人口減少は加速化した。

その結果、多くの藩で人口を増やすための方策が検討された。たとえば、出産を奨励するための手当の支給は、現代の「子ども手当」との比較という点でも興味深い材料を提供している。一般にこうした取り組みは「赤子養育仕法《あかごよういくしほう》」とよばれており、一八世紀半ばになると東北地方を中心に全国各地の藩で実施されるようになった。その中でも次ページの表11に示した二本松藩のケースは比較的導入が早く、かつその制度の変遷が明らかな例の

表11　二本松藩の年代別赤子養育手当支給米総量

年代	対象					兄・姉の年齢制限
	2　人	3　人	4　人	5人以上	双　子	
1745	—	0.50石	1.50石	—	—	3人の場合6歳以下,4人の場合13歳以下
1786	0.50石	1.80	1.80	2.70石	—	9歳以下
1797	0.70	2.40	2.40	3.60	25.40石	9歳以下
1802	0.64	1.92	1.92	3.84	23.04	9歳以下
1814	0.50	1.00	1.00	2.00	11.00	9歳以下
1832	—	0.64	0.96	1.28	10.24	7歳以下

（出典）高橋美由紀「近世の『人口施策』」（『人口学研究』23,1998年）43ページ表2をもとに作成．ただし改訂年度が明確なケースに限り，支給金も米に換算した．

（註）1　「対象」欄の人数は「赤子の数＋兄姉の数」を意味する．

2　1814年の「3人」「4人」「5人以上」欄の支給量が1年分であるのか，支給総量であるのかは史料に明記されていないが，本表では他の支給量が減少していることから支給総量の可能性が高いとみなして計算している．

一つである。

二本松藩が、初めて赤子養育仕法を導入したのは一七四五年（延享二）のことであった。当初、養育手当が出されたのは子供数三人以上に限られており、三人目（赤子、および生存している兄姉の数）出生の年に米一俵（五斗入）が、また、四人目出生の年には米三俵が与えられた。

この制度がさらに強化されたのは、天明の飢饉の直後、一七八六年（天明六）のことである。第一に、養育手当の支給は子供数三人からではなく二人からに変更された。第二に子供数三人、四人の手当は二年間の支給に延長された。第三に子供数五人以上も新たなカテゴリーとなり、給付は三年間行われることになった。さらにこれまでは対象外とされていた奉公中の出産にも手当が支給されるようになった。しかし、こうした養育手当の支給にもかかわらず、二本松藩の農村地域において出生率上昇が起こったという証拠はない。この点は、仁井田村・下守屋村の人別改帳にはっきりと示されている。

高橋美由紀によれば、出生率がようやく上昇に転じるのは一九世紀第一四半期のことであり、逆にこの時期を過ぎると赤子養育仕法に関する記述が減るようになったという。表を見ると、まさにこのころ養育手当の減額が始まったことが分かる。さらに、一八三二年(天保三)の改正では給付対象も縮小された。子供数二人に対する給付は廃止され、三人以上の給付期間も短くなったのである(高橋美由紀「近世の『人口施策』」)。

芦東山の見た出産観

仙台藩の儒者、芦東山《あしとうざん》(図9、一六九六―一七七六)が書いた『芦東山上書』(一七五四年)は、江戸時代中期に東北の人びとが子育てをどのようにとらえていたのかを知る貴重な記録である。東山は、一七世紀末から一八世紀初頭には夫婦で五、六人から七、八人を育てていた百姓たちが、一八世紀半ばになると相続ができないためか、あるいは世の中が「奢侈《しゃし》」になったためか、「一両人の外」は「モドス返ス」などといって間引くようになったと述べている。また「富民」も「多子ヨ

図9　芦東山画像(芦東山記念館所蔵)

リ少子ノ労ナキハ勝リ候トテ」、つまり、子育ての労をいやがって三人から四人に限るようになったと観察している。沢山美果子は、東山が子育ての負担を「単なる子供の食い扶持といったものではなく、子育てにともなう出費や、子育てにかける労力といったもの」としてとらえた点を注目すべきだと評価する（「仙台藩領内赤子養育仕法と関連史料」）。

「間引き」ということばを「近代的な受胎調節」ということばに置き換えれば、東山の見方はそのまま現代の状況に通じるように思われる。子供の食い扶持だけが問題なのであれば、養育手当は出生率回復の効果を持ったのかもしれない。しかし、子供の数が減ったのは「奢侈」の結果であり、子育ての出費や労力が相対的に重くなったためだとすれば、わずかな手当で効果を期待することはできないだろう。

もっとも、結果的に養育手当は出生率を回復させる効果がほとんどなかったとしても、江戸時代の人びとがこの制度を維持し続けたことの意味は決して小さくはない。二本松藩では、限られた財源の中でこの手当をどのように運用するべきか、懸命に知恵をしぼったことが表の中からうかがわれる。何番目の子供から給付するか、子供が増えたらどのように増額するかなど、さまざまな工夫を巡らしたあとが見て取れよう。たとえ一部であれ子育てのコストを社会全体で負担するという考え方はすでに江戸時代に芽生えていた。養育手当の設計は、そのコストを計算しようとした努力の跡なのである（浜野潔「歴史から見た人口減少社会」）。

近世日本の人口・家族パターン

宗門改帳・人別改帳を用いることにより、中央日本の農村と東北日本の農村の姿を歴史人口学の手法を用いて観察してきた。その結果、全体としての人口変動は江戸時代中期の停滞または減少から、天保期（一八三〇―四四）以後の増加へと同じような動きを示したが、そのメカニズムは大きく異なるものであった。まず、中央日本では出生率は高かったが都市部への移動により、農村人口は緩やかに低下していた。これに対して、東北日本では結婚年齢が際立って低いにもかかわらず、出生率は人口再生産水準を下回るほど低い状態にとどまっていた。

この結果、中央日本と東北日本では、かなり異なるタイプの世帯が形成されることになった。中央日本では、祖父母・戸主夫婦・子供からなる三世代を基本としつつも、世代間隔が広いことを反映して、二世代世帯もかなり多く見られた。また、子供数が多いため、一時的に生産年齢人口比率は大きく低下する局面もあった。この地域の農村は、どこに行っても夥《おびただ》しい「土地売買証文」が残されているが、速水融はこうした史料を、人口学的危機を土地を担保とした金融手段によって乗り越えた証拠として読むべきだという（速水『歴史人口学研究』）。なお、速水は都市の発達が十分でない「西南日本」では世帯規模がより大きく複雑になる傾向を持っており、これを「第三の人口・家族パターン」であると提唱している）。

従来、こうした土地売買証文が数多く残されていることは、江戸時代に貧富の差が拡大し、一部の地主の手に土地が集中したことを表わすものとして解釈される傾向が強かった。しかし、友部謙一は、濃尾地方の一農村の宗門改帳を用いて、世帯の労働力バランスと耕地の移動には明らかな関係のあることを見出している。すなわち、子供が小さく、世帯内の労働力率が低い時には土地を担保にして資金を調達し、子供が大きくなって余裕が出てきた時には、借金を返済して土地を取り戻すというサイクルが存在したのであり、けっして一方的な格差拡大を意味するものではなかったのである（友部謙一『前工業化期日本の農家経済』）。

一方、東北日本では、結婚年齢の低さを反映して世代間隔が狭まったため、三世代世帯の割合が高くなった。過酷な自然環境を乗り越えるため、生産年齢人口比率を同居によって、つねに安定させておく必要があったからである。三世代世帯であれば、子供が小さいうちであっても、祖父母に養育を任せて親が出稼ぎに出ることが可能となるだろう。東北では、子供のいる母親でも出稼ぎに出ることが普通に行われていたが、このようなパターンは中央日本ではほとんど見られない。東北では、土地市場ではなく労働市場が世帯を安定させるクッションとして機能していたことを示しているのである。

西条村のイベント・ヒストリー分析では、成人女子が姑と同居すると死亡率が高まるという観察結果を紹介した。津谷・黒須の分析によれば、同じ結果は仁井田村・下守屋村でも観察されている。しかし、同じデータからは姑と同居すると女子の出生率が高まるという結果も得られるという。江戸時代、「嫁の地位」は確かに低かったかもしれない。しかし、他方では姑と同居する三世代世帯は出生率を高め、家の永続に寄与したという点も見逃すことはできないだろう（Tsuya and Kurosu, "Family, Household, and Reproduction in Northeastern Japan, 1716 to 1870"）。

江戸時代農村の宗門改帳・人別改帳の分析からは、人びとがきわめて柔軟で多様な人口学的行動を行ったことが明らかになった。同じ時代の日本でありながら、結婚・出産・家族形成のパターンは地域により大きく異なっている。出産制限など一部の行動は、同時代人の目に「奢侈」であるとして非難の対象になる場合もあった。「赤子養育手当」に見られるように、そうした人口行動を変えさせようとする政策が試みられることもあった。しかし、人間はつねに個人（家計）のレベルでの合理性を追求して行動する。江戸時代の農民の人口行動は、中央日本のような「多産社会」においても、あるいは東北日本のような「少産社会」においても、まさにそのような計算の合理的結果としてとらえるべきなのだろう。

江戸の都市社会

近世都市人口の増加と減少

「都市の時代」としての近世

これまで見てきた歴史人口学の成果は、いずれも農村を対象としたものであった。江戸時代の日本は、農村人口が全体の九割近くに達する農業社会であったから、量的には農村が圧倒的なウエイトを占めていたことは間違いない。しかし、歴史人口学の研究は、たとえ農民であってもライフコースの一時点で都市生活を行ったものが少なくなかったことを明らかにしており、こうした点からすれば一時点の都市人口比率よりも、都市の持つ意味はさらに大きいと考えられる。

中世以前にも都市は存在したし、また、奈良や京都のように古代から大規模な人口を抱える都市もあった。しかしながら、この時代、生産物は農村から都市へと貢納物の形で一方的に流れており、逆の都市から農村へという流れはほとんどなかった。いわゆる「求心的流通」という動きであり、大多数の人びとにとって都市はあまり縁のない世界であった。しかし、近世になると、城下町の建設によって都市の数は爆発的に増加するとともに、都市と農村の間の生産物の流れも双方向のものへと変わる。多くの人びとが都市への関わりを持つようになり、農村と都市の間には「ひと・もの・かね」が自由に動き回るようになった。近世はまさに「都市の時代」だったのである。

城下町安土の建設

では、このような意味での近世都市は、いつ誕生したのだろうか。戦国時代末、各地の大名は城のまわりに武士や商人が居住する町を建設し、常備軍の配置や武器・食糧の備蓄を行って、合戦に備える体勢を取るようになった。また、中には近江《おうみ》国の六角《ろっかく》氏のように「楽市《らくいち》」と称して商人の諸税を廃し、自由な売買を許すところも出てきた。このような、軍事力と経済力の拡張競争の頂点に立ったのは織田信長である。

一五七六年（天正四）、織田信長は琵琶湖の東岸、安土《あづち》山の地に新しい城を築いた。さらに、城の西および南麓に形成された城下町には多数の家臣団を配置するとともに「楽市《らくいち》楽座《らくざ》」を宣言して、商人・職人を各地から呼び寄せた。その規模は、他の大名の城下町を圧倒するものであり、安土は間違いなく最初の「近世都市」となったのである。

宣教師ルイス・フロイスはその著書『日本史』の中で、信長は「城がある一つの新しい都市を増築したが、それは当時、全日本でもっとも気品があり、主要なものであった。なぜなら、位置と美観、建物の財産と住民の気高さにおいて、断然、他のあらゆる市《まち》を凌駕している。（中略）住民の数は、話によれば六千を数えるという」と、賞賛の声をあげており、安土を目にしたその衝撃を伝えている（『完訳フロイス日本史』三）。

信長が安土を新たな拠点として、本格的な都市建設をめざしたのは、何といってもこの地が交通の要衝《ようしょう》に位置していたからである。昭和に入り干拓が行われる以前、安土山は琵琶湖に面した場所にあり、水運の利用が可能であった。また、信長の本拠地である東海地方、一向一揆《いっこういっき》や上杉謙信《うえすぎけんしん》といった宿敵の控える北陸地方、そして、伝統的な政治権力が残る京都という三つの地域へのアクセスが容易であることも安土が選ばれた理由だろう。

ところが一五八二年（天正一〇）、本能寺《ほんのうじ》の変《へん》の直後、何らかの原因によって安土城は焼失し、三年後には完全に廃城となる。記念すべき近世都市第一号は、こうして田園風景へと戻る運命をたどった。しかし、近世城下町のグランドデザインは全国の大名に受け継がれ、世界史において他に類を見ないような都市の建設ラッシュが始まるのである。

城下町の建設ラッシュ

城下町の建設は、一六一五年（元和元）に徳川家康が「一国一城令」を出すと、さらに加速する。戦国時代には、各大名は領内に多数の城を配置して領地の守りを固めるのがふつうだった。しかし、一国一城令以後、大名の持てる城は原則として一ヵ所に限られたので、多くの城が破却された。こうして各藩の家臣団全員を政庁のある城下町へ集める大移動が開始されたのである。

城下町の建設にあたっては、基本的に四つの区画が設けられた。すなわち、政庁と藩主の居住区を持つ城郭、次に家臣団の居住する武家屋敷、さらに商工業者の住む町人地（商人町と職人町）、そして寺社地である。一般には、城郭は中心部に置かれ、その周囲を武家屋敷・町人地・寺社地の順に取り囲むプランが採用された。

城下町の規模は、大名の石高に比例するといわれる。大名の石高は家臣団へ支給する知《ち》行地《ぎょうち》、または俸禄の原資となるので、石高の大小は家臣団の規模を決定した。家臣団の大きさが決まると、その消費量もおおよそ決定し、それを賄うだけの商工業者を短期間のうちに呼び寄せる必要があった。初期の城下町人口の増加を具体的に知る史料は残されていないが、可能な限りのスピードで町作りが進んだことは間違いない。

三都の発展と人口

近世最大の都市は、いうまでもなく将軍お膝元の江戸である。一五九〇年（天正一八）、豊臣秀吉は徳川家康に対し関東への移封を命じ、江戸が新たな居城に定められた。すでに江戸の地は、太田道灌《おおたどうかん》の築城以来、一世紀以上の歴史を持っていたが、「東の方の平地の分は爰《ここ》もかしこも汐入《しおいり》の芦原にて、町屋侍屋敷を十町と割り付べき様もなく」（『岩淵夜話別集』）というような鄙《ひな》びた場所であり、関八州を領する徳川家の居城としては、まったく不十分な場所だった。

家康は城郭建築を後回しにして、家臣団や町人の居住地の確保をはかるため、神田山を削って日比谷入江を埋め立てるなど、大規模な土木事業を急ピッチで進める。さらに、一六〇三年（慶長八）、家康が征夷大将軍に任ぜられると、全国の大名が競って江戸城のまわりに屋敷地を設けるようになり、開発のピッチはさらにあがった。

このころ、江戸を訪ねたフィリピン臨時総督ロドリゴ・デ・ビベロは、江戸の人口を一五万人と記録している（『日本見聞記』）。この数字がどれほど正確か確かめることはできないが、少なくとも幕府の成立直後、すでに江戸が大規模な都市となっていたことは間違いない。さらに、三代将軍徳川家光《いえみつ》が参勤交代を制度化すると、常時半数の大名が家臣を従えて江戸に住むことになったので、人口はまた劇的に増加したと考えられる。

江戸に関する正式な人口調査の始まる享保年間（一七一六—三六）になると、町人人口は五〇万人を超える規模に達した。関山直太郎は武士や無籍者を入れた総人口は一一〇万人にも上ると推測しており、当時の江戸はロンドンやパリを凌駕する世界最大の都市だった（『近世日本の人口構造』）。

ごく短い間に巨大都市が出現したという意味では、豊臣秀吉が石山本願寺《いしやまほんがんじ》の跡地に城を築いた大坂も同様であり、江戸より一足早く、一五八三年に建設がスタートしている。このころ町人地として開発されたのは、のちに古町五千石といわれる船場《せんば》・西船場と天満《てんま》の一部である。関ヶ原《せきがはら》の戦いで豊臣氏が敗れると、一時、町はさびれたが、やがて大坂は江戸へ物資を供給する流通拠点として、新たな役割を見出すことになる。町方人口の規模は、一七世紀半ばに二〇万人台、さらに一八世紀半ばには四〇万人台へと達した。ごく最近、藪田貫はこれに八〇〇〇〇人ほどの武士人口が加わると述べており、総人口の目安もはっきりしてきた（『武士の町大坂』）。

一方、平安京としての長い歴史を持つ京都はすでに多くの人口を抱えていたが、秀吉の聚楽第《じゅらくだい》建設に伴って大規模な改造が行われ、城下町の要素をあわせ持つ都市へと変貌した。戦国末期の京都は内裏《だいり》と公方《くぼう》邸（室町幕府将軍邸）を取り囲む上京《かみぎょう》と、やや離れた場所にある下京《しもぎょう》という二つの町に分裂していたが、秀吉は両町の間の空白部分に聚楽町《じゅらくちょう》を建設するとともに、御土居堀《おどいぼり》とよばれる堤と堀を外周にめぐらして、京都を一体化した空間として再構成した（杉森哲也『近世京都の都市と社会』、中村武生『御土居堀ものがたり』）。やがて、京都は高級工芸品の供給地として新たな発展をとげ、町人人口も二倍以上に増えて大坂とほぼ同規模の四〇万人に達する（なお、京都についても公家人口・武士人口などがこれに加わるが、その推計は今後の課題として残されている）。

金沢と名古屋

江戸・大坂・京都の三都に比べると、四位以下の都市は人口規模のうえで少し距離があった。三都に次ぐ規模を誇っていたのは金沢と名古屋であり、関山直太郎は両都市の人口について、武士を入れれば一〇万人くらいとしている。金沢は戦国時代の一向一揆で本願寺の拠点が置かれた尾山御坊《おやまごぼう》とその周辺の寺内町をもとに作られた町であり、大坂との共通性を持っていた。藩主前田家は、全大名の中で最大の石高（一〇二万五〇〇〇石）を与えられており、城下町の規模もそれにふさわしいものであった。

また、名古屋は御三家《ごさんけ》筆頭尾張《おわり》徳川家（六二万石）の城下町である。尾張領の城下町はもともと清洲《きよす》にあったが、水害に弱いという欠点があり、また、豊臣氏へ対抗するためにもより大きな都市の建設が望まれていた。そこで、一六一〇年（慶長一五）、徳川家康はより高台の地へと移転を決意し、九男の藩主義直《よしなお》以下家臣団・商人すべてを移す大移動を行った。世に言う「清洲越え」である。清洲もすでに六―七万の人口を有する大都市であったが、名古屋移転後はさらに規模が拡大した。一六六四年には町人人口だけで五万五〇〇〇人に達し、さらに一八世紀半ばには七万人を超える規模に発展する。これに約三万五〇〇〇人の家臣団とその家族の人口を加えれば、一〇万人を超える規模に達したであろう。

その他の城下町

金沢・名古屋は城下町の中でも最大級のものであったが、逆に石高の小さな大名の城下町はどの程度の規模であったろうか。大名とは石高一万石以上の者をいうが、すべての者が城を持てたわけではない。城を持つことのできる城主大名は、一般に三万石以上の大名に限られており、その数は一七〇から一九〇の間にあった。これに一部、支城を持つ大名がいたことも考慮すると、城下町の総数は二〇〇程度と考えられる。

現在、宮崎県の中央部にある高鍋《たかなべ》町《ちょう》は、江戸時代高鍋藩三万石の城下町であった。城主秋月《あきづき》氏はもと筑前《ちくぜん》一国を支配した名門であり、近世中期には藩政改革に先んじて取り組む名君を輩出したが、城下町の規模は驚くほど小さい。明治に入ってからの統計となるが、一八七三年（明治六）の高鍋町の人口は、隣接する高鍋村・上江《うわえ》村を合わせても、たった三三三五人にすぎない。一口に大名の城下町といっても、三〇〇〇人程度の町から一〇万人を超えるものまで、石高に比例して三〇倍程度の格差があったのである。

城下町の人口減少

ところで、トーマス・スミスは日本全国の城下町のうち、三五ヵ所を選び出し、一七〇〇年前後と一八五〇年前後という二時点の人口を比較した結果、二五の城下町が一〇％以上の減少、六つの都市が一〇％以下の減少か増加で安定、そして、四つの都市が一〇％の増加を示していることを明らかにした。つまり、七割以上の城下町で人口が明らかに減少していたのである。このうち、三〇％以上の激減を示した九都市は一つの例外を除き、近畿・瀬戸内地域という先進地域に集中しているのに対して、増加した四つの城下町（盛岡・高岡・松江・久留米）はすべて遠隔の後進地域に位置していた。さらに興味深いことは、人口が激減した城下町は港町であることが多いのに対し、人口が安定、あるいは増加した城下町は効率の低い陸上輸送機関に依存する内陸部に多かった。つまり、経済や交通が発展した城下町ほど人口が減るという、予想とは逆の関係になっていたのである。

城下町の人口変化が、周辺の農村地域と相反する動きを見せたことも注目される。もっとも顕著な例は、広島の人口が三三％減少したのに対し、安芸《あき》国は六九％増加したというようなコントラストである。実は、こうした対照的な人口変化は周辺農村の商工業発展の結果だということが、すでに江戸時代から認識されていた。幕府や諸藩が農村の商工業を規制しようと躍起になったのは、まさにその発展が税収源として重要な城下町の商工業からシェアを奪う存在となっていたからである（スミス「前近代の経済成長」）。

在郷町の発展と江戸のニューエコノミー

江戸時代は建前上、武士と商工業者は城下の「町」に住み、農民は農村部の「村」に住むという身分統制が行われていた。町を支配するのは町奉行であり、村を支配するのは郡《こおり》奉行であるというように、その統治形式も厳密に分けられていたのである。

城下町の人口減少とは対照的に、江戸時代の後半に大幅な人口増加を経験したところとしては、たとえば桐生《きりゅう》のような繊維業の町がある。桐生で繊維産業が発達したのは、それほど古いことではない。もともとこの場所は、天満宮を中心として定期市が開かれたところであり、近在で織った織物が取引されていたにすぎなかった。

市のある場所は「桐生新町」とよばれるようになったが、あくまで代官が支配する村として扱われていた。そのため正式な文書のうえでは、原則として「桐生村」という表記が使われている。このように、都市的な要素を持ちつつ、法制上はあくまで「村」だったようなところを一括して「在郷町《ざいごうまち》」とよんでいる。在郷町には桐生のような工業都市以外に、宿場町・門前町などの商業都市もある。人口規模も大きいものは五〇〇〇人を超えており、城下町と規模で区別することはできない（奥州街道の宿場町郡山については、高橋美由紀の詳細な研究がある。『在郷町の歴史人口学』）。

一七三八年（元文三）、桐生のある機屋《はたや》が京都から二人の職人を招き、高級織物の技術を導入した。この技術は、特定の家で独占されることなく、仲間内で次々に伝えられて広がった。その結果、桐生では京都をまねた高級絹織物生産が飛躍的に増加し、人口も一七五七年（宝暦七）から一八五五年（安政二）の約一世紀間に三倍に増加した。

スミスは、こうした在郷町が城下町に打ち勝って発展したのは五つの点で有利な条件を持っていたからだと述べている。第一は、原材料や水力が身近にあること。第二は、成長中の財・サービスの地方市場に近接していること。第三に、より緊密で信頼しうる縁故関係のネットワークがあること。第四に、農村の労働者にあっては、農業と他の雇用の間の移動が容易であること。第五に、税負担や株仲間からいっそう自由なことである。こうしてスミスは、工業化に先立つ一世紀ほどの間に、都市が停滞したのに対して農村は著しい発展を示したことに着目し、日本を農村中心型「前近代成長」のモデルとして位置づけた（スミス「前近代の経済成長」）。

このモデルにあてはめると、桐生は北関東から東北の養蚕地帯や、大消費地江戸に近いという立地条件を備えるとともに、基本的には村扱いの場所なので規制も緩いというメリットを備えていた。しかし、生産が増えるにしたがって、桐生でも労働力確保は重要なテーマとなる。近隣の足利との間では熾烈な雇用の獲得競争が行われており、その結果、賃金は途方もない勢いで上昇しつつあった。一つのたとえだが、今日、新興工業国がたどりつつある成長パターンとよく似た変化が、近世後期の在郷町で生じたと考えることもできるだろう。

桐生における高級織物の生産開始は、スタート直後から京都では大きな問題となった。生産開始からわずか六年後の一七四四年（延享元）、京都西陣《にしじん》の高機織屋《たかばたおりや》中《ちゅう》は一致して桐生紋紗綾《もんさや》の停止を願い出ている。しかし、これに対する京都町奉行所の裁決は、その年の春以降、新規の紋織に限って禁止するという桐生にとって有利なものだった。その後も、桐生など「田舎端物《はもの》」（地方産の絹織物）の京都への搬入は続いたので、西陣では繰り返し奉行所に訴えを起こしたが、結局、幕末にいたるまで有効な取締が行われることはなかったのである（京都市編『京都の歴史』六）。

近世日本における最大の工業生産地であった京都は、こうした競争の中で、どのような変化をとげてゆくのだろうか。近年、筆者は京都の宗門改帳を利用した歴史人口学的な研究を続けてきた。そこで、次節においては、在郷町の発展と競合する幕末の京都に焦点をあてて、見てゆくことにしよう。

人口から見た幕末京都

近世都市の人口史料

日本の歴史人口学が研究対象としてきた宗門改帳《しゅうもんあらためちょう》は、幕府の法令にしたがっていたところでは、一六七一年（寛文一一）から一八七一年（明治四）まで二〇一年間にわたって作成が続けられてきた。もっとも今日、残されている史料は、そのほんの一部にすぎない。大部分の宗門改帳は、いつの間にか失われたり、あるいは、積極的に処分されたりして姿を消した。それでも農村の場合、数は少ないものの二〇〇年近くほとんど欠けることないものや、あるいは、一〇〇年近く一冊も失われずに残った西条村《にしじょう》のケースなどがあり、近世農民について貴重な情報をもたらしてくれる。

ところが、都市の場合、良質な宗門改帳を発見することは、農村よりもう一段、難しい。都市の史料が得にくい最大の理由は火災である。日本の都市はつい最近まで、ほとんど木と紙でできており、火事にはきわめて弱い性質を持っていた。火事に備えて作られる土蔵も、隙間から火が入ることを完全に防ぐことは難しく、貴重な財産が失われることも仕方がなかった。さらに、太平洋戦争では、多くの都市が空襲の被害にあった。焼夷弾《しょういだん》による攻撃は、長年にわたって守り継がれてきた歴史遺産の多くを一瞬にして灰の山に変えてしまった。世界最大の都市であった江戸も町方文書の残存例はきわめて乏しく、宗門改帳にいたってはほんの数冊しか発見されていない。

都市の歴史人口学が難しいもう一つの理由は、人口研究にとって決定的に重要な年齢の記載を欠く史料が多いという不思議な事実である。もっとも顕著な例は大坂の宗門改帳であり、幕末にいたるまでついに年齢が記載されることはなかった。そのため、わずかに残っている宗門改帳も、利用の範囲はきわめて限定されることになる。戸主何某と記載されているも、それが一〇代の若者なのか、それとも六〇代の老人なのか判別できなければ、人口データとして使うことは困難となる。

そのような中で、京都は歴史人口学の研究では例外的に好条件を備えた都市である。もちろん、京都も近世に何度か大火を経験しており、その前後では文書の残存数に差が生じているが、それでも江戸や大坂と違って戦災を免れたことで、多くの貴重な史料が今日まで伝わった。さらに、一九六五年（昭和四〇）から始まった京都市史編纂事業においては、史料の写真撮影・公開が徹底され、誰でも近世史料にアクセスできるという環境が整えられたことも特筆すべきだろう。江戸時代の都市研究において、京都は史料の宝庫というべき場所なのである。

京都の宗門改帳

京都は、織田信長の時代から有名な南蛮寺《なんばんじ》が作られるなど、キリスト教の布教が盛んな場所であった。豊臣秀吉がキリシタン追放の方針を打ち出したことで、一時、布教も下火になるが、江戸幕府の時代になると再び布教が許され教会も再建される。しかし、一六一二年（慶長一七）、幕府は一転してキリスト教を禁ずる方針に転換し、歴史上まれに見る徹底した弾圧が始まった。こうした中、京都ではかなり早くから宗門改が行われたとの記録もある。

しかし、今日、初期の宗門改帳は一冊も発見されていない。確認されているもっとも古い史料は四条通に面する立売中之町《たちうりなかのちょう》の一六九七年（元禄一〇）の「宗門人別《にんべつ》改帳」と題されたものである。この町は断続的ではあるが、長期的に人口変動をたどれる貴重な事例であるものの、古い史料の多くは年齢記載を欠くため、人口分析には制約も大きい（速水融「京都町方の宗門改帳」）。

京都の宗門改帳に年齢記載が行われるようになるのは、天保《てんぽう》の改革の最終年である一八四三年（天保一四）からである。したがって、京都に関する歴史人口学は、一八四三年から戸籍の作成が始まる直前の一八六九年（明治二）までの二七年間が本格的分析の可能な期間ということになる。

下京・西堂町

幕末の京都は、すでに述べたように人口史料の宝庫であるが、特に史料の残存状況がよい町の事例として、小川通三条下ル《さが》西堂町《せいどうちょう》という町をまず取り上げてみたい。

家族員数	奉公人数	宗門改帳の記載順
4	5	1
5	2	2
7	3	3
2	0	4
9	0	5
4	6	6
8	0	7
2	0	8
4	2	10
3	0	11
6	0	12
3	0	13
1	0	14
3	0	15
8	0	16
3	0	17
3	0	18
3	0	20
3	0	21

07年）60ページをもとに作成.
らない住民として，松屋善七（記載順 9

表12　明治元年の戸籍下書に記載された西堂町住民の職業

	戸　主　名	職　　業	家持・借屋	戸主年齢
1	升屋惣左衛門	紺屋職	家持	40
2	菊屋三右衛門	落シ物職	家持	52
3	布袋屋五兵衛	塩物油渡世	家持	69
4	塩屋宇兵衛	本家咬《かみ》(噛)入《いり》	家持	47
5	神崎屋五平	元町代	家持	52
6	近江屋喜兵衛	質商売	家持	33
7	近江屋与兵衛	—	家持	52
8	小谷屋甚三郎	手跡指南	家持	35
9	井筒屋卯兵衛	大工職	借屋	58
10	八幡屋源兵衛	悉皆渡世	塩屋宇兵衛借屋	40
11	越後屋重五郎	御装束仕立渡世	塩屋宇兵衛借屋	57
12	菱屋儀助	下絵書	塩屋宇兵衛借屋	34
13	近江屋さの	—	塩屋宇兵衛借屋	78
14	近江屋庄兵衛	本家へ日勤	近江屋喜兵衛借屋	45
15	玉屋甚兵衛	干物商売	町中持借屋	42
16	越後屋きぬ	—	町中持借屋	45
17	松屋武兵衛	染職渡世	町中持借屋	31
18	大塚屋嘉兵衛	商売染悉皆	町中持借屋	36
19	山城屋藤七	菓子渡世	町中持借屋	43

（出典）　浜野潔『近世京都の歴史人口学的研究』（慶応義塾大学出版会，

（註）　本表記載以外にも宗門改帳には記載されているが戸籍下書に見当
番，家持）および槌屋藤八（記載順19番，町中持借屋）がいた．

京都（平安京）は、藤原京や平城京と同様に中国の都城《とじょう》をモデルとし、およそ一辺が約一二〇《メートル》で囲まれた正方形の区画を一つの町として碁盤《ごばん》の目のように作られた。しかし、商工業の発達に伴い道路に面した部分の価値が高まると、同じ道を共有する区画のまとまりが強くなる。このようにして商工業者（町衆《まちしゅう》）が新たに作り出した向かい合う家並みの町（両側町《りょうがわちょう》）を核として京都は新たな発展をとげる。さらに豊臣秀吉は一五九〇年（天正一八）、正方形をした区画の真ん中に新しい道を作り、町の数を大幅に増やす改造事業（天正《てんしょう》の地割《じわり》）を行った。この南北約一二〇《メートル》、東西約六〇《メートル》の長方形の区画は現代にも受け継がれ、京都の都市構造の基本となっている。

ここで紹介する西堂町は南北を小川通という道路に面して両側に家が並ぶが、この小川通も天正の地割で新たに設置された道であった。もともとこの付近には、小川が流れており、川沿いには一部、道も作られていた。その道が天正の地割で南北に延長されて小川通になり、新たに生まれた町の一つが西堂町であった。

この町には一八六八年（明治元）の年末に作成された「戸籍下書」という史料がある。明治政府が発足すると新政府は人別帳に変わる新しい人口登録制度の計画を始めるが、その最初の地に選ばれたのが京都であった。同年一〇月には「京都府戸籍仕法」が制定されているので、その直後に作られた下書がこの史料ということになる。

この戸籍下書に記載された家を一二八・一二九ページの表12にまとめた。八軒は家持、残りの一一軒は借屋であり、町の人口は全部で九九人。平均世帯規模は、家族員だけだと四・三人、奉公人を含めれば五・二人という計算になる。ちなみに下京区の平均世帯規模は、戦前まで五人程度で推移しており、江戸時代と大きな違いはなかった。縮小が始まったのは戦後のことであり、現在、西堂町が含まれる京都市下京区の平均世帯規模は単身者の増加を反映して一・九人となっている。

この町の住人の職業を見ると、かなりバラエティに富んでいることが分かるが、紺屋《こんや》（染物屋）・仕立屋など衣類関係の仕事がもっとも多かった。中でも、紺屋職を営む升屋惣左衛門は質商売を営む近江屋喜兵衛に次いで多い五人の奉公人を抱えていた。五人は、一三歳から二三歳までのいずれも男子であるが、京都では町の中心部の奉公人は男子の比率がきわめて高く、後に見る西陣のように女子の奉公人も多い場所とはコントラストをなしている。最年長二三歳の常七は手代を務めていたが、一二歳で美濃国赤坂宿から奉公にきて一〇年以上が経過していた。

宗門改帳（図10）の得られる一八一八年（文政元）から六八年の五一年間の人口・世帯数の推移は図11に示されている。西堂町は最大でも家数三四軒程度の小さな町であり、端から端まで歩いても一分もかからない。しかし、幕末の五〇年間を見ると、元治の大火の年である一八六四年（元治元）を除いても、最小人口九〇人に対し最大人口一八五人と二

図10　西堂町の宗門改帳(京都府立総合資料館所蔵)

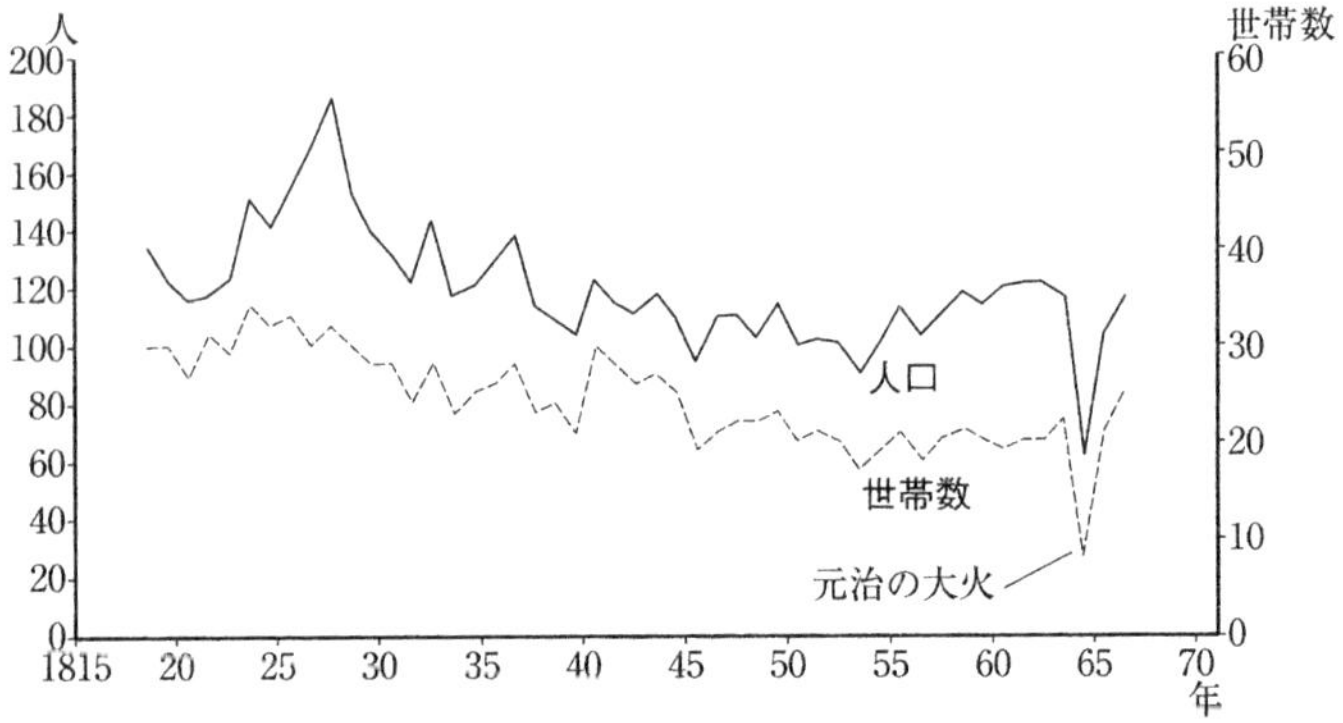

図11　西堂町の人口と世帯数

(出典)　浜野潔『近世京都の歴史人口学的研究』(慶應義塾大学出版会，2007年)68ページをもとに作成.

倍以上の開きがあり、大きく人口が変動している。

では、このような人口変動はどのようなメカニズムで起こったのだろうか。毎年の人口変動を世帯数・家族員・奉公人に分解することにより、主としてどの部分が変化したのか確認できる。その結果、人口増加の局面では、いずれも世帯数・家族員・奉公人のすべてが増加していることが判明する。一八二七年（文政一〇）の一八五人という人口は西堂町の抱えることのできる最大限の人口だったかもしれない。この年には奉公人の総数は四八人に達している。すでに紹介した升屋惣左衛門の家では、一〇人もの奉公人を抱えていた。

これに対して、逆に人口の減少局面では、時期により様相が異なっていた。一八二七年から五三年まで続く漸減は、転入世帯よりも転出世帯が上回り世帯が減少したためであり、町内にはいくつも空家ができた。一方、元治の大火の減少は、借屋の転出に加えて、家持の家でも奉公人を減らすなど世帯規模の縮小に努めている。西堂町の宗門改帳は、経済状況に応じて雇用量が調整され、結果として人口が大きく変化する様子を示していると思われる。

西陣・花車町

西堂町は衣類関係の職人を中心としながらも、バラエティに富んだ商工業者が住む町だったが、京都の北西部に位置する西陣は「西陣織」で知られる高級織物の生産地として、特別な地位を占める場所だった。西陣が桐生に代表される新興織物生産地との競争によって一八世紀半ばころから苦境に立たされたという点はすでに指摘したが、さらに一九世紀には少なくとも三度にわたって、生産に重大な影響を与える事件を経験している。第一は一八三〇年代に起こった米価高騰や流行病による天保の危機。第二は天保の改革に関連して出された絹物禁止令。第三は幕末の開港に伴う生糸《きいと》の高騰と品不足という三つの問題であった。こうした経済危機は、西陣の人口に対してどのような影響を与えていたのだろうか。

西陣にはいくつかまとまった宗門改帳の史料があるが、その中でも比較的長期のデータが取れるものに、千本通寺之内下ル花車町《はなくるまちょう》という町がある。嘉永年間（一八四八―五四）の史料によれば、約六〇世帯のうち約八割は西陣織関係の仕事に従事する家であり、高機《たかばた》を備え男女の奉公人を多数雇用する織屋も数軒含まれていた。

史料のカバーする時期は一八一九年（文政二）から六八年（明治元）と西堂町とほぼ同じ五〇年間であるが、花車町の場合はかなり欠年があり、三六年分しか利用できない。花車町の人口と世帯数の変化を示したのが図12である。一見して分かるように、花車町の人口も全体として減少傾向にあったが、中でも二度にわたる大きな落ち込みが目につく。最

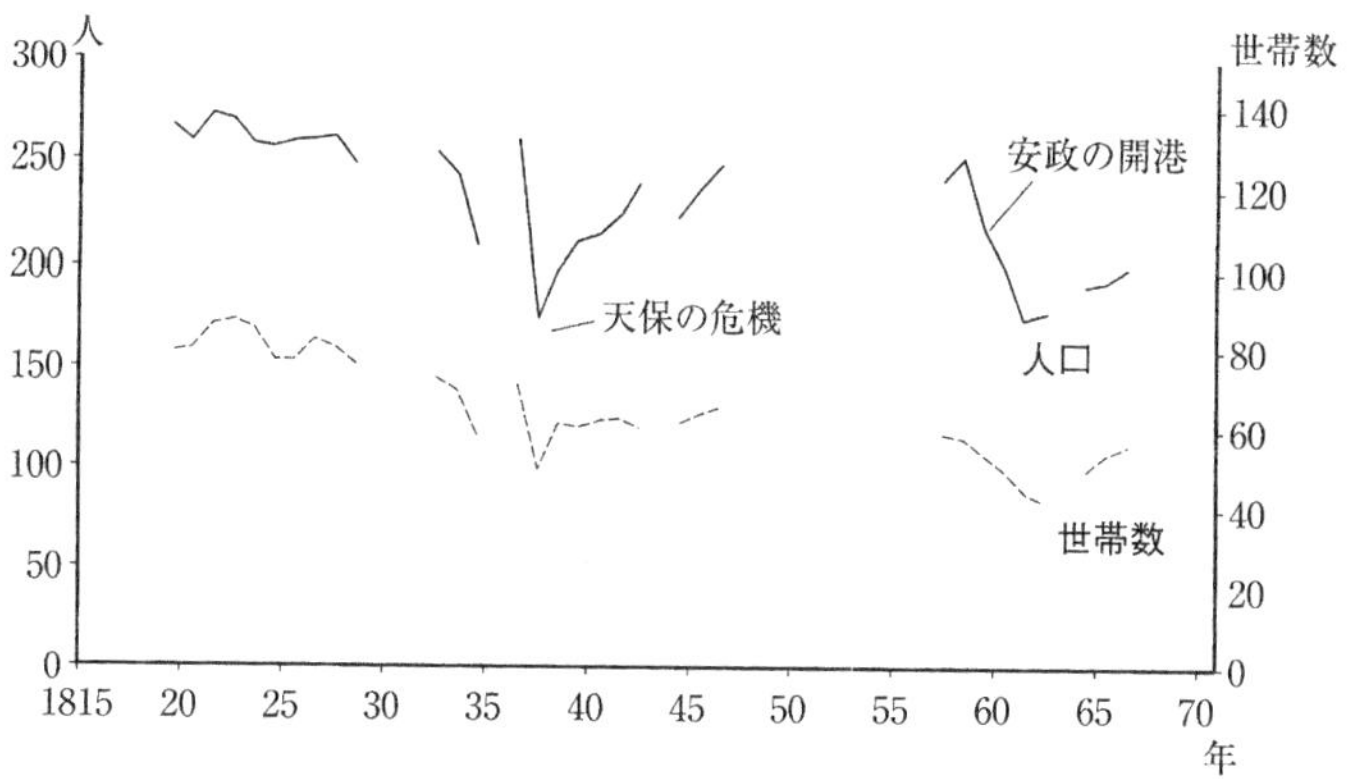

図12　花車町の人口と世帯数

（出典）　浜野潔『近世京都の歴史人口学的研究』（慶應義塾大学出版会，2007年）94ページをもとに作成．

初の落ち込みは一八三六年（天保七）から三七年の天保の危機の時期であり、人口はこの一年間で二五六人から一七九人へと、約三割も人口が減少している。この減少はもっぱら世帯数の減少によるものであり、借屋人を中心に多くの人びとが町から転出した。一八三六年は冷害と大風雨によって米価が高騰した年であるが、西陣では「織物不捌《さばけず》、前代未聞の事」（『新古見聞集』）という記録があり、一〇〇軒の機屋のうち一、二軒しか仕事をしていない有様だと述べている。もっとも、人口は一八三八年から少しずつ回復をしており、四〇年代に入ると、ほぼ米価高騰前のレベルへと戻った。この間、奉公人の人口も大幅に伸びたことは特筆すべきだろう。四〇年代は天保の改革の一環として絹物禁止令が出されているが、労働需要という点でいえば、花車町はまったく影響を受けていない。

一方、一八五八年（安政五）から六一年（文久元）にかけての減少は、幕末の開港による影響であり、人口は天保期（一八三〇―四四）とほぼ同じ一七六人にまで減少した。日米修好通商条約が結ばれて横浜・長崎・箱館《はこだて》が開港したのは一八五九年のことであるが、その直後から全国の生糸は横浜をめがけて集中するようになる。原料が手に入らなくなった西陣の打撃は天保期をはるかに上回るものであり、奉公人の数も一挙に減少する。人口は結局、一九〇人前後で低迷し維新期を迎えた。花車町のケースにおいても西堂町と同様、幕末期の人口は減少傾向を示していたが、けっして一直線の減少というわけではなく、経済状況の変化に応じて雇用量を増やしたり減らしたりする柔軟なシステムの存在が確認されたのである。

都市は蟻地獄だったのか？

江戸時代の都市については、速水融が提唱した「都市蟻地獄説」という考え方がある。つまり、前近代の都市は衛生水準が低く、また、過密状態にあるため伝染病が広がりやすい。そのため死亡率が高くなるのに対して、出生率の水準は低い。したがって、都市が人口を維持するためには、たえず農村から人口が流入することが必要であったという考え方である。つまり、農村から来た人びとの多くが、都市で早死にする有様は、まるで蟻地獄のようだというのである。

浜野・永田は、限られたデータを利用して京都の死亡率推計を試みたことがあり、確かに農村に比べて、死亡率のレベルはやや高いという結果を得た（Hamano and Nagata, "Migration, Mobility and Mortality in Early Modern Kyoto, 1843-1862"）。しかし一方で、出生率の水準は農村とあまり変わらないという分析結果もあり、恒常的に死亡率が出生率を上回る「蟻地獄」の状態にあったかどうか、明確な結論は得られていない（浜野潔『近世京都の歴史人口学的研究』）。

何より、幕末期の京都は必ずしも農村からの転入者をすべて定着させたわけではない。有名な三井京都店の研究では、一三歳で入店した者のうち、四割以上が途中で脱落したという研究がある（西坂靖『三井越後屋奉公人の研究』）。また、西堂町では小者《こもの》（丁稚《でっち》）として奉公を始めた者のうち、手代《てだい》への昇進を果たしたのは一八％にすぎなかった。出世競争から脱落した者の多くは、出身地へ戻るか、京都で独立するかという選択を迫られるが、後者の道は幕末に近づくにしたがってより困難になっていた。幕末期の京都で、山城《やましろ》国以外の他国出生者比率が減ったという観察結果は、まさにこの点を裏づけている（浜野潔

「幕末京都への地理的移動パターン」）。

雇用パターンの変化と都市の成熟

斎藤修《おさむ》は江戸・大坂・京都の三都、さらに全国の城下町の宗門改帳データを収集し、都市における住込奉公人は、大坂、および大坂の商家支店が集中する江戸日本橋を除いて一八世紀末以降、激減したという、非常に興味深い事実を発見した。近世初期においては農村においても、都市においても、奉公は長期にわたって続く雇用形態であり、前借金に縛られた奉公人は、場合によっては一〇年近く同じ雇用主のもとで働くことを余儀なくされていた。しかし、近世中期以降、奉公期間は大幅に短縮されることになり、農村においては一年契約へ、さらに季節契約へと移行してゆく。都市においても、半季以下の季節奉公人へと移行した可能性は大いにあるが、そうした短期奉公人は宗門改帳に記載されないため、数量的に明らかにすることは難しい。

では、大坂（およびその支店）だけ、なぜ、長期にわたって雇用される住込奉公人が残ったのだろうか。斎藤はその理由を「営業の大規模化と、それに伴う、業務構造の多部門化、および熟練形成の内部化の必要」という三つの点によるものとしている（斎藤修『商家の世界・裏店の世界』）。江戸時代の大坂では、すでに高度な金融制度が確立していた。

代金の支払いは、現金ではなく手形によって行われたし、また、手形そのものが紙幣の代わりに流通していた。現金取引が主流の江戸とは対照的であり、奉公人に要求される仕事のスキルも格段に高かったのである。

京都においても、大店《おおだな》が立ち並ぶ中心部では、幕末期にも非常に多くの奉公人を雇用し続けたところがある。たとえば、三井の支店をはじめ各藩の御用達《ごようたし》を務める大商人の店が集中する蛸薬師《たこやくし》町《ちょう》では、人口の四割以上が奉公人で占められていた。しかし、こうした大店は京都全体からすれば、もちろん一部の存在にすぎない。奉公人の人口比率は周辺部へゆくにしたがって低下し、そこには店舗を持たない行商人が集まる世界が広がっていたのである。

近世都市の人口減少は、長期雇用から短期雇用へという労働環境の変化もあわせて考える必要があるだろう。長期雇用を前提とすれば人口の変動幅はそれだけ小さく、また、雇用契約の終了後は暖簾《のれん》分けへの期待度が高いので、人口増加を促すことが予想される。一方、短期契約を前提とすれば、人口の変動幅はそれだけ大きくなり、また、必ずしも暖簾分けへの期待度は高くない。

近世後半の都市人口減少は、これまで都市の衰退を示す証拠としてとらえられてきた。

しかしながら、都市の内部に目を向けると、必ずしも人口の減少は一様に生じていたわけではないことにも注目すべきだろう。京都のケースを例に取れば、周辺部では奉公人人口の減少、あるいは消滅が観察されるが、中心部では景気変動に応じて奉公人人口は増減を繰り返す状況が観察された。このような人口の変動パターンは、労働力が柔軟に調整される新しいシステムが働いた結果と見ることができる。

農村工業の成長が、もはや抑えられないとすれば、京都の取るべき道は農村との共存でしかない。全体として規模は縮小に向かいながら、より技術水準の高い分野へ資源を集中するという方向は、単純に都市の衰退としてとらえるよりも、近世都市の成熟する姿としてとらえる見方もなりたつだろう。

武士の歴史人口学

武士の宗門改帳

近世都市の宗門改帳《しゅうもんあらためちょう》を利用した研究は、近年、少しずつ研究成果が報告されつつあるが、どの研究も対象は町人人口に限られており、武家人口をカバーしたものはまったく存在しない。近世の都市においては、身分によって居住可能な地域ははっきりと分けられており、宗門改帳の作成はそれぞれ「町」ごとに行われたので、ごく例外的な場合を除いて町人地の宗門改帳に武士は登場しない。では、武士についても、同じような宗門改帳が作成されていたのだろうか。

長い間、この問いへの答えははっきりしなかった。たとえば、関山直太郎は武士も百姓・町人などと同様、一定の檀那寺《だんなでら》を有し、宗門改帳に登載されたと述べているが、具体的に武士の宗門改帳についての言及はない（『近世日本の人口構造』）。

この問いに初めて一定の回答を出したのは、宇和島《うわじま》藩の宗門改制度を詳細に検討した安澤秀一である。安澤は、藩政文書の中から武士の宗門改帳を発見し、宇和島藩においては「家中であろうと、町方であろうと、在浦方に居住しようと、また寺中・門前あるいは山伏であろうと、全ての人が宗門改の対象となり、その人数はそれぞれの格・禄や身分に応じた改方担当者の作成する人数目録に記載されて、宗門方役所に集められ」たことを明らかにした。安澤は、国許においても、江戸屋敷においても表題は異なるが、宗門改帳に相当する史料が作成されており、宇和島藩では春・冬の二回、人数改が行われたことを示したのである（安澤秀一「宇和島藩切支丹類族改・宗門人別改・公儀え指上人数改の基礎的研究」）。

また、近年、渡辺理絵は米沢藩における武家の宗門改帳を収集し、その作成過程を明らかにした。米沢藩では家族を含め藩士全体を対象とした宗門改帳が一貫して作成されている。そのプロセスは、次のようなものだった。まず、各屋敷単位で宗門改帳が作成され「番組《ばんぐみ》」（平時の常備軍、番頭《ばんがしら》のもとに組織される）へ提出される。次に、番組ごとに宗門改帳を作成し宗門奉行に提出する。さらに、宗門奉行のもとでは、これを集計して武家人口が算出されるという手順である。

各屋敷単位の宗門改帳の場合、連続して五三年間の記録が残存しているケースがあり、宗門改が毎年行われていたことは間違いない。しかし、それを集計した番組単位の宗門改帳は三年分が得られる一例を除けば、発見されているものはすべて単年度の史料である。米沢藩では、最終的な提出先である宗門奉行は役宅で勤務することになっており、宗門改帳も家文書の形で保管されたと考えられる。したがって、役務が変わり不要となった文書は、その都度、廃棄されたのであろう（渡辺理絵『近世武家地の住民と屋敷管理』）。

もちろん、単年度のものであっても、武士の宗門改帳はきわめて貴重な価値を持っている。とりわけ米沢藩のように年齢記載もはっきりしている史料は、武士の家族を復元するうえで、今後、注目すべき史料となるだろう。こうした史料は、他の藩においても、さらに発掘されることが強く望まれるのである。

系図の歴史人口学

武士の場合、宗門改帳を使った歴史人口学の研究は、史料の残存状況という大きな壁があることが分かった。しかし、それ以外の道がまったくないというわけではない。宗門改帳とは逆に、農民や町人のものはほとんど得ることができないが、武士に関してはかなりの数残されている史料が存在する。それは「系図」である。

武士とは何か、という点についてはなかなか定義が難しいが、江戸時代に限れば、主君に対して定められた奉公を務めることで俸禄《ほうろく》、つまり給与を受け取る者と考えてよいだろう。俸禄は、知行《ちぎょう》・扶持《ふち》・切米《きりまい》などいろいろな形を取ったが、誰がその支給対象であるかを明確にするため、家臣の家系が明らかにされる必要があった。そのため、幕府においても諸藩においても江戸時代初期から系図の収集と管理が行われている。系図は後述するように一定の限界があるとはいえ、人口学的イベント（出生・結婚・死亡・相続など）を記録した史料であり、歴史人口学の分野でも世界中で研究対象として使われてきた。

武士の系図を使った歴史人口学の研究に初めて取り組んだのは、コウゾウ・ヤマムラである。ヤマムラは、江戸時代最大の家臣団である幕府旗本の人口学的分析を、その系図である『寛政重修諸家譜《かんせいちょうしゅうしょかふ》』を用いて行った。『寛政重修諸家譜』とは、一七九九年（寛政一一）から編纂の始まった大名・旗本の系譜集であり、全一五三〇巻からなる膨大な史料である。

武士の系図一般にいえることであるが、この史料も男子については記載が詳しいものの、女子については名前もなく、かなりの省略が行われている。したがって、ヤマムラは男女の出生数が同じであるという仮定を置き、男子の出生数から全体の復元を試みた。その結果、旗本の平均子供数は、一六世紀から一八世紀前半にかけて顕著な低下を見せるとともに、俸禄の低い階層では、結婚していない者の比率が上昇したことが明らかになった。すなわち、戦国時代末期の一五〇〇―六〇〇年に出生した旗本からは平均して四・二四人の子供が生まれたが、一七一一―四〇年に出生した旗本では三・三二人に減少していたのである。

ヤマムラは、このような出生率の低下を、旗本の実質所得にほとんど変化がなく、そのため農民や町人との相対的な経済レベルが低下したこと、また、次三男が新規に取り立てられる可能性がほとんどなくなったという二つの変化に対する意図的な行動として解釈した。さらに、こうした変化は旗本に限らず、江戸時代の武士一般に起こったことだろうから、すべての武士階級にまで範囲を広げられるとする。こうして、ヤマムラの研究は「武士＝低出生率仮説」として広く注目を浴びたのである（ヤマムラ『日本経済史の新しい方法』）。

ヤマムラは、同じ史料を用いて、旗本の死亡率への接近も試みている。しかし、ここでの観察は死亡年齢の相対度数にとどまっていて、厳密な意味での年齢別死亡率を計算したわけではない。したがって、出生率と死亡率の水準を比べて、人口再生産がはたして行われていたのか、つまり、人口学的に武士階級は内部で人口を維持することができたのかという点を明らかにしたわけではなかった。

人口再生産は可能だったか？

より進んだ人口学的手法を用いて、武士の人口再生産の問題に取り組んだのは村越一哲である。村越はまず、ヤマムラの用いた旗本の系図は、乳幼児の死亡にかなりの漏れがあると指摘する。『寛政重修諸家譜』から計算された五歳未満の死亡率は一五九一年（天正一九）から一六五〇年（慶安三）の間に生まれた旗本では一三六・七‰（パーミル）、一六五一年から一七一〇年（宝永七）までに生まれた旗本では六九・四‰であった。これは、同時期の農民の三四七・八‰という推計に比べて、あまりにも低い数字である。

村越は、徳島藩の系図から「早世」した子供は時代が早くなるほど未記載であるという推定をもとに、実際の早世率を推計し、平均子供数を算出した。その結果、一七世紀に平均子供数は六人から四人に低下するものの、一八世紀以降は四人のレベルで安定する。さらにこの変化は、必ずしも武士の困窮化によって生じたのではなく、一七世紀の低下は新規召出《めしいだし》の減少、さらに平均子供数の安定は家数の安定という制度的理由によるものと結論づけられた（「大名家臣の人口学的特徴」）。

さらに村越は、宇和島藩の系図にマイクロシミュレーションを適用することによって、家臣団の人口再生産が実現していたかという点を検証している。このシミュレーションでは、年齢別死亡率と年齢別出生率が一定となる仮想人口集団をコンピュータ上に再現して、個々人の出生から死亡にいたるライフヒストリーが作り出された。この作業を繰り返すことによって、実際のデータから直接得ることのできない指標が推定されるのである。

いくつか異なる死亡率のパターンを仮定した結果、宇和島藩家臣団の合計出生率は三・五を少し上回るレベルにあり、さらに純再生産率も一をわずかに上回るレベルと推計された。純再生産率が一であるということは、母親世代と娘世代が一対一で置き換わるということを意味する。村越は、宇和島藩家臣団の出生率は確かに低かったが、そのレベルは、当主がもうけた子供が嫁や養子として過不足なく配分されるための合理的な水準に維持されていたと解釈したのである（「大名家臣の出生力水準」）。

江戸時代の都市住民を構成する二つの階層、すなわち武士と町人（商工業者）の歴史人口学はそれぞれ別個に研究が進んできた。身分が異なる二つの階層の間には、今日では考えられない大きな壁が存在した。すなわち、武士と町人（および百姓）の間では、原則として身分を変えることはできないという原則である。

上士・下士・庶民

しかし、実際には最下級の武士と町人（および百姓）の間では一定の通婚《つうこん》や養子縁組、あるいは御家人《ごけにん》株の売買といった方法で身分を超える者がいたことも事実である。村越が観察したように武士の出生率が人口再生産ぎりぎりのレベルにあったとすれば、家を維持してゆくためには養子を外に求める必要もあり、そこに庶民階級から移動するわずかな隙間が生じていたことは間違いない。

もっとも、こうした身分移動は無制限に行われたわけではなかった。磯田道史は、岡山藩や松代藩など多くの藩における通婚パターンを検証しているが、同じ武士でも上士《じようし》とよばれる侍層の場合、百姓町人との婚姻はきわめて少ない。庶民との通婚がある程度行われていたのは、下士《かし》とよばれる徒士《かち》層の者である。この階層からは、嫁の遣り取りも盛んに行われたし、また、百姓の倅《せがれ》であっても養子入りして徒士の列に加わることが可能であった。つまり、人口構造という点から見ると、武士と庶民の間の壁よりも、武士の中の上士と下士の壁が高かったのである（『近世大名家臣団の社会構造』）。

ところで、幕末期に江戸幕府への反乱を起こし明治維新の主体となったのは、西郷隆《さいごうたか》盛《もり》・大久保利通《おおくぼとしみち》・坂本龍馬《さかもとりょうま》など、西南雄藩《ゆうはん》の「下士」であった。速水融《はやみあきら》は、この背後には西南日本では都市の人口吸収力が未発達であり、人口圧の高まりがあったのではないかと指摘している（『歴史人口学研究』）。今後、西南雄藩においても武士の歴史人口学研究を進めることができれば、こうした見方に一定の裏づけが得られる可能性もあるだろう。

人口増加への転換点

空白の四半世紀

全国人口の空白期

徳川吉宗《よしむね》によって始められた全国人口調査は、一八四六年（弘化三）の記録を最後に、以後のものは見つかっていない。本来ならば、大政奉還《たいせいほうかん》により幕府が瓦解するまでの間、六年ごと、一八五二年（嘉永五）・五八年（安政五）・六四年（元治元）と三回の調査機会があったはずだが、なぜ記録がないのだろうか。

のちに勝海舟《かつかいしゅう》が回想していることを信じれば、一八五二年の調査は実施され各藩からの報告は幕府に届いていた。しかし、集計途中の翌五三年にペリーの浦賀来航という大事件が起こり、その混乱の最中、一二代将軍徳川家慶《いえよし》が急死する。その結果、各藩から提出された記録の集計作業も中止の已《や》むなきにいたったのだという（関山直太郎『近世日本の人口構造』)。その後、一八五八年・六四年の調査については、そもそも藩レベルの記録が提出されたのかどうかさえ分かっていない。五八年は、安政の五ヵ国条約が締結された年であり、幕政の関心が内政より外交によりシフトしていたことを考えれば、全国人口調査のような手間のかかるものは中止された可能性もあるだろう。

一方、明治政府による最初の全国人口調査は一八七二年(明治五)に行われた「壬申戸籍《じんしん》」の集計をもって嚆矢《こうし》とする。新政府は、長州藩で実施されていた戸籍制度の全国的な導入をめざしており、七一年には戸籍法を制定し宗門改帳《しゅうもんあらためちょう》を廃止した。戸籍は宗門改帳と違って、四民すべてが同じ帳簿に記載されたので、人口もすべての身分について知ることが可能となったのである。

幕府の全国人口調査から壬申戸籍まで二六年間のブランクがある。速水融《はやみあきら》はこの期間を「空白の四半世紀」とよんだが、この空白は日本の歴史人口学にとって非常に重要な時期と重なっている。その理由は、第一にこの空白期のどこかで日本の人口は停滞から増加へと大きな転換をしたと考えられるからである。すでに観察した宗門改帳のデータを見ると、幕末期の人口は多くの村において増加傾向を見せている。この近代につながる人口増加がいつ、どのように生じたかという点は、移行期の日本を考えるうえでも重要な論点になるだろう。

さらに理由の第二は、このような人口増加はかなりの地域差を伴っていたと予想されることである。幕府の全国人口調査によれば、江戸時代中期の人口変化は西日本で増加率が高く東日本で低い「西高東低」型のパターンを持っていた。しかし、明治期になると人口増加率は明らかにその反対の「東高西低」型パターンへと変化している。このシフトがいつ、どのように起こったかという点も見逃せない論点に違いない（速水融「幕末・明治期の人口趨勢」）。

幕末維新期の人口増加率

この空白期を埋めるためのもっとも単純な作業は、幕府の全国人口調査と明治政府の戸籍集計をそのままつなげて、その変化率を地域ごとに比較することだろう。しかし、この比較は単純なようで多くの問題点を含んでいる。まず、一八七二年（明治五）の壬申戸籍の身分別構成は全国人口については得ることができるが、国別には得られない。国別の総人口を用いた比較は武士人口が一方には含まれ、他方には含まれないという点で大きな問題がある。さらに、壬申戸籍の人口にはかなりの脱漏があったことも判明している。この脱漏分を考慮して、内閣統計局はのちに三四八一万人という修正値を報告したが、この修正にもまた、いくつかの疑問が指摘されている。そのため、この時期の人口については複数の推計があり、どの推計を用いるかによって変化率に大きな違いが出てしまう。

斎藤修は、これらの問題を回避するため、あえて一八七二年の明治期最初の人口統計ではなく一八八一年の統計を用いることによって、空白の「三五年間」の変化率を計算している。空白期間はさらに一〇年ほど伸び、さらに、データにはいくつかの問題（数値に問題のある国の除去や、士族・卒族のカテゴリー処理など）が生じたが、それらをクリアしたうえで、一八四六—八一年の庶民の人口増加率は年率〇・四％前後であるとの推計値が提示された。

この〇・四％という推計値は、興味深い事実を示唆していた。今、一八七二年から八一年の間の人口増加率を求めると、年率一・〇％という数値が得られるので、明治初期の人口増加率は空白の三五年間全体の人口増加率よりかなり高いということが判明する。ということは、幕末維新期の人口増加率は初め低かったが、どこかで屈折して増加のテンポを早めたことになると斎藤は指摘する。

地域別人口変化の比較

一方、地域別の人口変化はどのような様相を見せていたのだろうか。図13は、一八四六—八一年の国別人口増加率を四分位ごとに示したものである。残念ながらデータ上の問題で六八ヵ国中、二〇ヵ国が記載から省かれているが、全体的な傾向を見るには、これで十分だろう。

一見して明らかなように、東日本はほとんどの国が平均値以上に位置しているのに対し、西日本では瀬戸内海沿岸の一部の国を除けば、平均値以下にある。注目されるのは、大都市を抱える地域の比較である。江戸を抱える武蔵国、あるいはその周辺の国では人口増加率はいずれも平均値を上回るが、大坂・京都を抱える畿内は大和国を除き、いずれも人口増加率が平均値以下となっている。都市部を含めても明らかな「東高西低」傾向が見られることも、近世中期のパターンと大きく異なる点である。

ところで、斎藤はこの変化と一八四六年以前の国別人口変動パターンを注意深く見比べることによって、こうした地域変動はすでに一九世紀初頭には始まっていたと指摘している。すなわち、一八〇四—四六年の変化を見ると、東東北や西関東では依然として人口増加率は低水準にあったが、日本海側の出羽《でわ》や北陸は他地域よりすでに高い値を示していたのである。

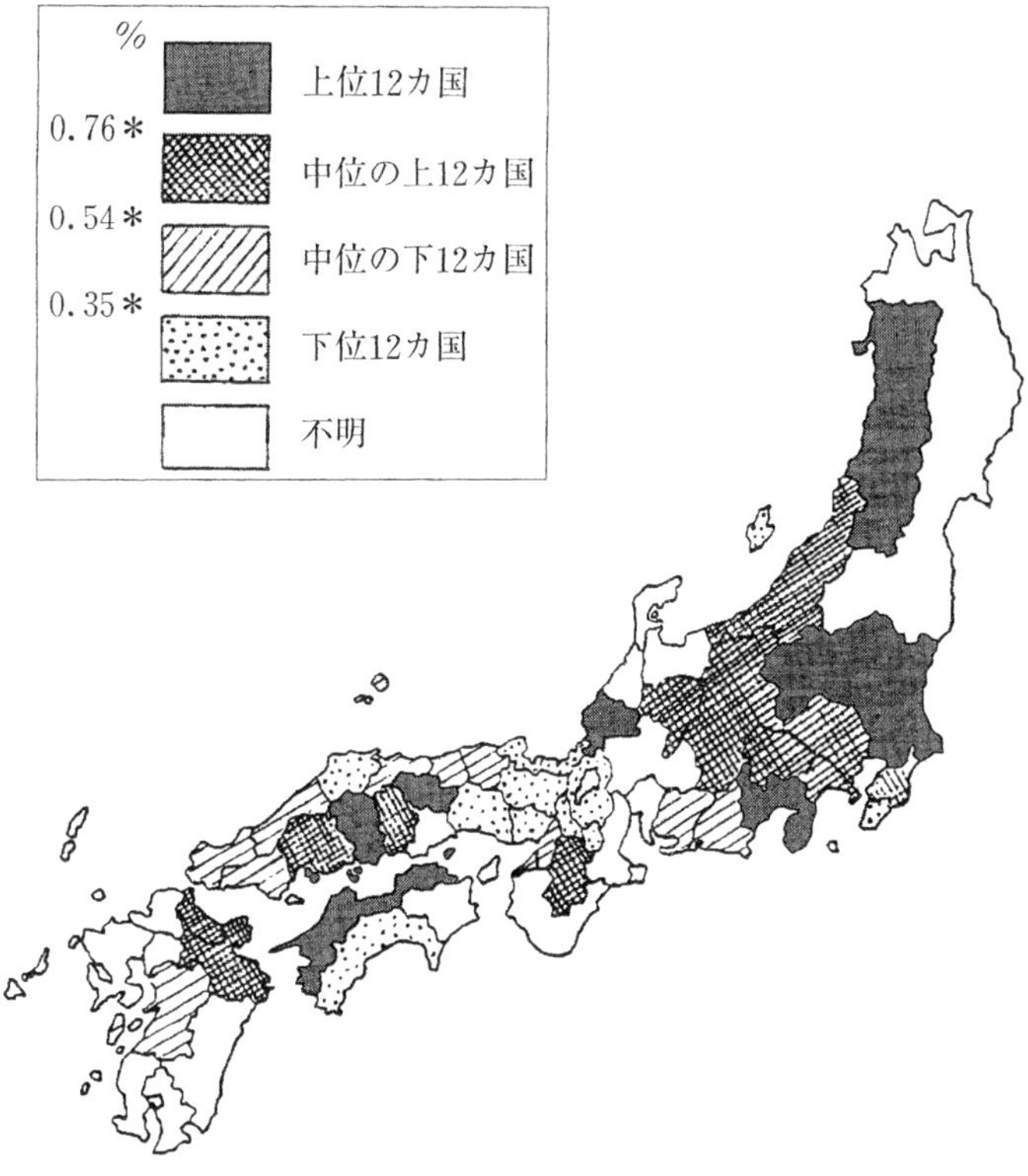

図13　幕末維新期の国別人口変化
（出典）　斎藤修「人口変動における西と東」35ページをもとに作成．

この観察結果を含めて考えれば、幕末維新期における地域人口の動き、すなわち「西高東低」パターンから「東高西低」パターンへの変化は「実際には二段階のシフトであった」と斎藤は主張する。一九世紀初頭にはまず北陸から出羽にかけての地域で始まり、さらに前ページの図13が示すように、東東北の南部から西関東・東山を中心とした地域で第二段階の人口増加——増加率はさらにテンポアップする——が生じたというわけである（斎藤修「人口変動における西と東」）。

では、一九世紀初頭に始まる第一段階の人口増加はいったい、どのような要因で生じたのだろうか。幸いこの地域に含まれる出羽国米沢藩では武士を含めた総人口のデータが長期にわたって残されており、人口変動のプロセスを克明に追うことができる。ここではまず米沢のケースを材料にして、「東高」パターンの始まりがどのようなものだったのか検証することにしよう。

米沢藩の改革と人口増加

武士人口の重圧

米沢藩の藩主上杉家は上杉謙信《うえすぎけんしん》を藩祖として仰ぐ、東北屈指の名門である。謙信の養子、初代上杉景勝《かげかつ》は会津で一二〇万石を領する大大名だったが、関ヶ原の戦いに先立って徳川家康に敵対したため、一六〇一年（慶長六）、米沢三〇万石へと移封処分を受けた。さらに、時代が下った一六六四年（寛文四）、三代上杉綱勝《つなかつ》が後継を決めないまま二六歳で急逝するという事件が起こる。本来ならば、御家断絶となるところ、舅の会津藩主保科正之《ほしなまさゆき》のとりなしで改易《かいえき》を免れ、置賜《おきたま》郡一五万石に半減されながらも、何とか藩は存続することになった。

二度にわたる処分により藩の石高は、わずか八分の一にまで激減した。その結果、藩士

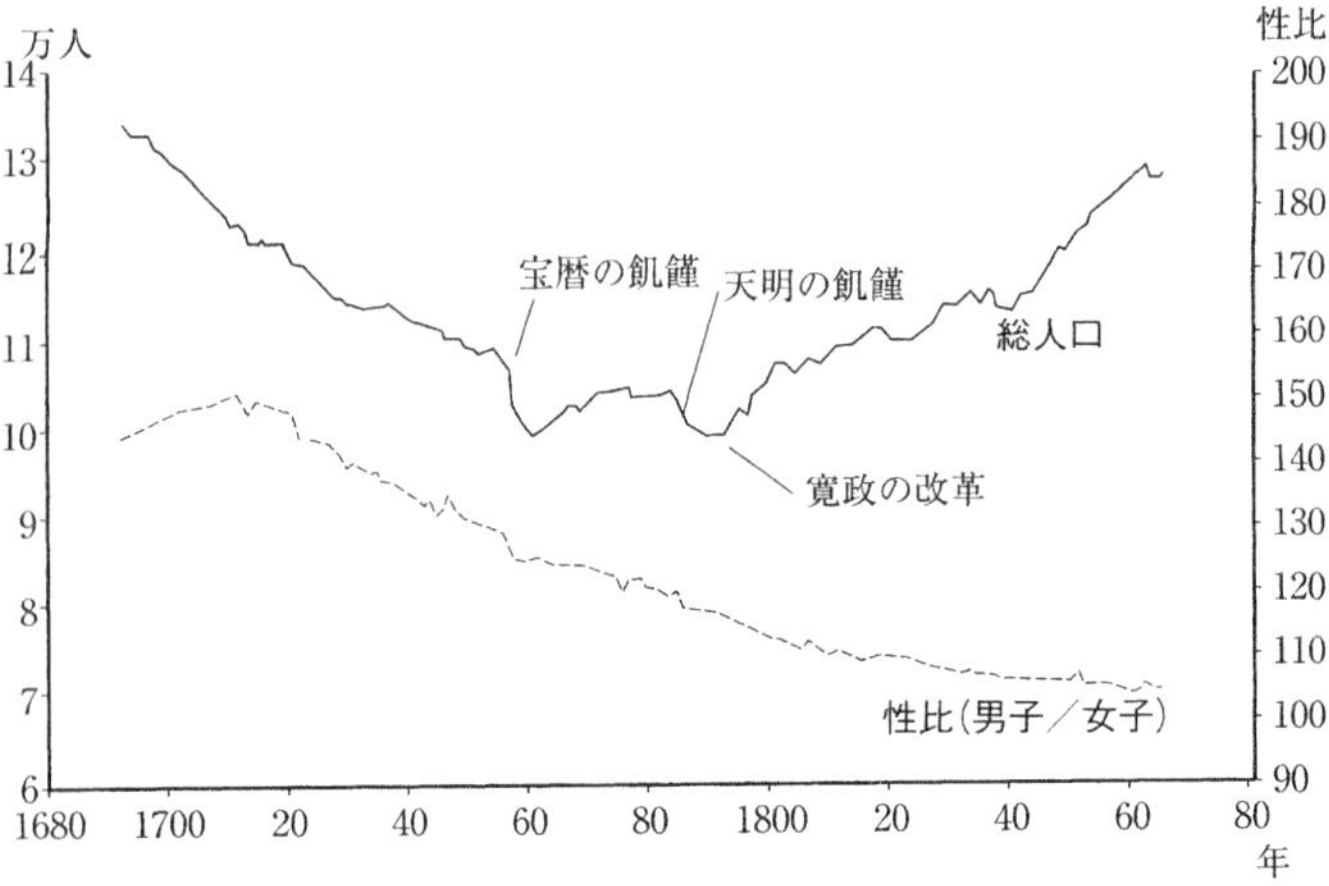

図14　米沢藩の総人口と性比

（出典）　ラビナ『「名君」の蹉跌』（NTT出版，2004年）96ページをもとに作成．

の俸禄は大幅に減らされるとともに、その四分の一が解雇されたが、それでも他の藩に比べると領民一人あたりの武士人口はずっと多いままだった。アメリカの日本史研究者マーク・ラビナは、一八七二年に壬申《じんしん》戸籍《こせき》が作られた時、米沢では平民一〇〇人あたり六・七七人の武士を養う計算となっていたことに注目する。これは東北地方では最大の数であり、たとえば一〇万七〇〇〇石と規模の近い二本松藩が二・六八人だったのに比べると二・五倍も武士が多いことになる（ラビナ『「名君」の蹉跌』）。

　米沢藩は、江戸時代の藩としては珍しく、武士を含めた全人口の変化を一六九二年（元禄五）から毎年、克明に記録していた。こういう記録がきちんと残されていること自体、藩が人口の動向に高い関心を払っていたことを示している。

図14のグラフを見ると、前半は人口の激減、そして途中に宝暦《ほうれき》の飢饉《ききん》と天明《てんめい》の飢饉という二つの大きな落ち込みがあり、その後、一九世紀の始まる前後から順調に人口が増加に転じたということがはっきり読み取れる。すなわち、米沢藩の人口は、国別人口の変化に示された第一段階の人口増加にぴったりあてはまる事例なのである。

米沢藩に関して宗門改帳を用いた歴史人口学的な研究事例はまだないので、出生率や死亡率の数値を得ることはできないが、さまざまな記述史料から前半期の人口減少は低出生率と他領への移住という二重の要因によって起こったことが明らかにされている。人口減少が続けば、藩の歳入はそれに比例して減少したことはいうまでもない。その結果、一八世紀末には本来得られるべき年貢の二五％が失われたと推定されている。こうなると完全な悪循環に陥ってしまう。藩は何とかして歳入を増やそうと努力するので、税率は上がらざるを得ない。すると、ますます他領への移住者が増えて、人口減少が加速したのである。

「名君」の蹉跌

こうした危機的状況の中、一七六七年（明和四）、一人の若者が新たな藩主に就任し大胆な改革を始めた。米沢藩の第九代藩主、上杉治憲《はるのり》

図15　上杉鷹山画像(上杉神社所蔵)

(図15、のちに「鷹山《ようざん》」と号した)である。若手のリーダー、竹俣当綱《たけまたまさつな》を中心とする改革派の藩士に後押しされながら、一七歳の治憲は大胆な藩政改革(明和《めいわ》・安永《あんえい》の改革)へと乗り出した。第一は、藩財政の再建である。藩主の私的経費の大幅な削減、不要な施設の閉鎖、藩士の生活簡素化など従来の慣例を無視した改革には反発も多かったが、治憲は抵抗勢力と徹底的に戦い、そして、最後は自分の意志を貫いたのである。

第二は、藩の税収を増やすため、漆《うるし》・桑《くわ》・楮《こうぞ》などの栽培を奨励し、専売制を推し進めたことである。中でも、漆の一〇〇万本植立は改革のシンボルと目された計画であった。漆は蠟燭の原料や、塗料として用いることができ、比較的地味の悪い土地であっても栽培することができたので、米沢では近世初頭から普及が進んでいた。竹俣は漆の苗木を一〇〇万本用意し、藩士・農民・町人、そして寺社に対して無償で配布する計画を立てている。

漆の実から取れる蠟は専売制とされたので、一〇〇万本の漆が大きく育てば藩には一万九一五七両に上る利益が転がり込み、財政も大きく好転するはずだった。しかし、残念ながら竹俣の予想は大きくはずれてしまう。あてにしていた漆の実の価格が、思いもよらないことに暴落してしまったからである。

実は、蠟燭の原料になりうる植物は、漆だけではなかった。当時、西日本では櫨《はぜ》の栽培が増加しており、そこから取れる櫨蠟が急速に普及し始めていたのである。櫨蠟の価格は漆蠟より安かったので、やがて米沢の蠟燭業者ですら櫨蠟を取り寄せるほどになった。この様子をいち早く察知したのは藩当局ではなく、米沢の農民である。漆蠟には市場価値がないと見るやいなや、農民は漆木からもっぱら樹液を採取して塗料として販売するようになり、実がなる前に枯れる木が続出した。竹俣の一〇〇万本植立計画は、専売制という観点から見れば完全な失敗に終わり、藩は投下資本の回収すらできなかった。こうして、「名君」治憲の改革は挫折し、竹俣も辞職に追い込まれたのである。

新たな改革と人口増加の開始

治憲は隠居し、藩主から退いたが、けっして改革をあきらめたわけではなかった。天明の飢饉で藩の危機がさらに高まると、一七九一年(寛政三)、治憲は下級藩士出身の莅戸善政《のぞきよしまさ》を抜擢し、新たな改革(寛三の改革）に乗り出す。今まで行われてきた統制型の政策は廃棄され、今度は、市場のインセンティブを重視する方向へ舵を切ったのである。莅戸が目をつけたのは、養蚕《ようさん》や、織物生産だった。新たな産業政策では従来とは逆に税率の引き下げ、あるいは年貢の免除などが打ち出された。経済的なメリットがあれば、誰もが生産に積極的になる。とりわけ織物生産の担い手としては、これまでは労働力とみなされていなかった武士階級（とりわけ藩士の妻や娘）が積極的に動員された。人口減少の結果、働き手の数は不足気味だったので、今まで働いていなかった人びとの限界的な労働の価値が高まっていたのである。

藩は次のように述べて、武士の労働を奨励している。「農ハ士に次て賤《いやし》からぬものニ候得《そうらえ》ハ、必《かならず》恥へき事にあらす候」。つまり、農民は士農工商で武士に次ぐ身分なのだから、農民と同じように機織《はたおり》に従事しても、何ら恥ずべきことではないというわけである。こうした意識改革は意外にも大きな成果を生んだ。それまで働いていなかった武士が働くことは、実質的な労働力率を高めることになり、人口増加と同じ効果を藩にもたらしたからである（原田泰《ゆたか》『日本国の原則』）。

武士の中でもとりわけエリート階層に属する女性が養蚕や機織に従事しているという話題は、隠されるどころか宣伝の一つとして使われた。治憲がこうした布地を贈答品とすることで「米沢織」の評判が高まったからである。ついには、米沢織の偽物が市場に出回るという事件まで起きた。藩は、御用商人を使った特約店を江戸に設けることで、ブランドイメージの維持を図って対抗している（ラビナ『「名君」の蹉跌』）。

莅戸の改革により、米沢の経済は急速な発展を始めた。そして、その効果は間もなく現われ、わずか五年後には人口増加もスタートする。その後、天保期（一八三〇―四四）など一時的な人口の減少は見られたものの、落ち込みは軽微なものにとどまり、高い人口増加率は江戸期を通じて続いた。

重要なことは、米沢藩の人口増加は明治維新のずっと前に、そして、外部からのインパクトを受けることなく始まったということだろう。米沢の人口増加は、養蚕や織物生産による所得増大という内生的な要因によって生じた。従来の統制的な経済運営にかえ、自由主義的な経済運営を導入することで、武士を含む領民の生産意欲が刺激されたからである。

もっとも、こうした農村工業が、一九世紀初頭、北陸・出羽の人口増加地域のどこでも行われていたわけではない。収入増をもたらす源泉は、何も織物だけではなく米などの農産物であってもよいだろう。重要なことは、新しい産業がその販路を見つけるということなのである。斎藤修は、日本海海運に関するデータから、北陸における船舶投資が一九世紀初頭に増大したことに注目しているが、この点は第一段階の人口増加の背景を考えるうえで重要な指摘といえる（「人口変動における西と東」）。

現代の目から見ると北陸・出羽《でわ》のような日本海側は、いかにも経済の中心から遠い地域に見えてしまう。しかし、江戸時代における輸送の大動脈は西廻り海運、つまり日本海側であったことを忘れてはならない。米沢のように内陸に位置する藩も舟運（最上川《もがみがわ》）の整備に関与することで、日本海輸送路の積極的な活用に努めていた。

しかし、この第一段階の人口増加はその後に続く第二段階の人口増加に比べれば、まだ穏やかなものというべきである。明治維新をはさんで日本で生じた、急速な人口増加のスタートまでにはまだ半世紀以上の時間が必要だった。そのスパートがどこで、どのように起こったのか、さらに検討することにしよう。

開港のインパクトと人口増加のスパート

人口増加のスパート

幕末維新期の人口増加率とその屈折、さらに地域別人口変化の比較を考え合わせれば、どこかの時点で東日本の人口増加率が大幅にテンポアップしたということが判明した。では、このような、東日本の人口増加率はいつ、そして、どのような理由で、もう一段の上昇をとげたのだろうか。

その手がかりは、人口増加率を地域別に比較することによって得ることができる。集計の対象となった四八ヵ国の中で一八四六―八一年の年平均人口増加率がもっとも高かったのは下野《しもつけ》の一・二三%である。また、隣接する上野《こうずけ》も〇・八四%とかなり高く、この二国は幕末維新期における人口増加率でトップの地域を構成していた。興味深いのは、同じ地域が一八四六年（弘化三）以前においては、まったく正反対な人口減少地域だったということである（速水融「幕末・明治期の人口趨勢」）。では、この地域の劇的な転換は、いつ、どのようにして起こったのだろうか。

幕末維新期の産業構造を探るための資料として、「明治七年府県物産表」という統計がある。このデータは、明治政府が作成した最初の包括的な物産統計であるが、あまりに詳細な項目を立てたため、集計はきわめて煩雑な作業となり、以後、農産統計を除き作成は中止されてしまった。したがって、幕末維新期の経済構造を知るうえで唯一の全国統計として、今日まで多くの研究者によって利用されてきた。

人口増加地域の下野・上野は、この統計の作られた一八七四年（明治七）段階では、栃木県（下野と上野の一部）と熊谷県（上野の大部分と武蔵の一部）に編成されていた。物産表から、両県が物産額の上位（三府六〇県の主要生産物のうち上位六位以内の物産）に顔を出す項目をひろうと以下のようになる。

麦　熊谷県が一位、栃木県が四位
大豆　熊谷県が一位
稗《ひえ》　熊谷県が四位、栃木県が五位

蕎麦　熊谷県が一位、栃木県が五位
繭《まゆ》　熊谷県が一位
藍　熊谷県が三位
煙草　熊谷県が一位
麻　栃木県が一位、熊谷県が五位
絹織物　栃木県が二位、熊谷県が四位
絹綿交織物　栃木県が一位
生糸　熊谷県が一位
酒類　栃木県が四位、熊谷県が六位
味噌　熊谷県が一位
菜種油　熊谷県が一位
木材　熊谷県が一位

明治初年の下野・上野は畑がちで米の生産額はそれほど高くなく、その分、麦・大豆などの生産額が高い。さらに、繭・生糸・絹織物などがトップクラスの生産量を誇っており、わが国随一の工業生産地だった。その下野・上野が同時に、幕末維新期における人口増加率のもっとも高い地域だったのである。

東日本を中心に生糸の生産量が拡大するのは、近世中期以降のことだった。幕府は銀の流出を恐れて中国からの高級生糸（白糸）の輸入制限を強めたため、国産生糸への需要が増大した。その結果、絹織物の産地も京都西陣の独占が崩れて、全国へと拡大する。前述の桐生や米沢はまさにそのような産地だったのである。

ところが、一八五九年（安政六）に横浜が開港され、自由貿易が始まると生糸に対する需要は一変した。当時、ヨーロッパでは微粒子病とよばれる蚕《かいこ》の病気が蔓延しており、イタリア・フランスの蚕糸業《さんしぎょう》は不振をきわめていた。そこで、日本へ生糸の買付が殺到し、「生糸バブル」ともいうべき状態が始まったのである。横浜から輸出された商品の統計を見ると、幕末期に一貫して第一位を占めたのは生糸であり、輸出額の六割から九割近くを占めていた。さらに、一八六六年（慶応二）ごろになると、微粒子病の拡大はいっそう深刻なものになり、病気に侵されていない蚕種《さんしゅ》（かいこだね）を求める声が強まり、今度は「蚕バブル」というような状態が生じる。六七年には生糸の輸出は減少したが、蚕種の輸出は激増し、輸出額の第二位を占めるまでになった。

生糸や蚕種の輸出増加は、当然のことながら国内流通にも大きな影響を与えた。輸出の激増によって国内に出回る生糸の量は減少したので、産地から遠く輸送コストが高い西陣では、極端な糸不足に悩まされることになった。幕府は一八六〇年（万延元）、「五品江戸《ごひんえど》廻送令《かいそうれい》」を出して雑穀・水油《みずあぶら》・蠟《ろう》・呉服・生糸の五品を産地から横浜に直送することを禁じ、一度江戸の問屋へ回送することを命じている。しかし、その実態は、単に書類のうえで江戸の問屋を通したにすぎず、実際の荷物は大半が横浜に直送された。要するに、江戸の商人に利ザヤを稼がせるのが目的であり、幕府自体、本気で生糸の輸出を防ぐつもりはなかったのだろう。その結果、京都では依然として糸不足が続き、産地に近い織物産地の優位は動かなかった。一八七四年の物産表で栃木県（桐生《きりゆう》を含む）が絹織物の第二位と絹綿交織物の第一位に、熊谷県が絹織物の第四位に顔を出しているのは、こうした地方産地の躍進を反映したものだろう。

開港の影響によって経済発展のチャンスをつかんだ地域——多くは、養蚕地帯と重なる東東北の南部、西関東、東山地域——では、一八六〇年代あるいはその前後に第二段階の急速な人口増加が始まったと思われる。では、このような人口増加をもたらしたメカニズムはどのようなものだったのだろうか。この点をさらに明らかにするため、次に西関東の一農村、武蔵国多摩《たま》郡新町《しんまち》村の事例を取り上げて、検討することにしよう。

新町村（現、東京都青梅市新町）は江戸から甲州に向かう青梅街道沿いにあり、近世初期に開拓された新田村である。代々、名主を務めた吉野家には一七七七年（安永六）から一八七二年（明治五）まで九五年間のうち、六七年分の宗門改帳が残されており、近世後期の人口変動を明らかにする貴重なデータを提供している。

人口増加のメカニズム

図16は、宗門改帳から観察される人口と世帯数（ただし、一八三三年〈天保四〉以降は現住人口が不明となるためここでは本籍人口のみ示した）の変化を示したものである。天保の危機（一八三〇年代）までは人口は一貫して減少が続いていたが、それを過ぎると、一転して人口増加が始まり、その勢いは、一八六〇年（万延元）ころからさらに加速している様子を見ることができるだろう。一七四ページの表13は、新町村の人口に関わるさまざまな指標を一〇年ごとに示したものである。残念ながら、この村の宗門改帳には増減理由の記載がないので、死亡率を計算することはできない。しかし、出生率のレベルは一八三〇年の前後で明らかな違いがあることがはっきり示されている。

出生率の上昇はどのように生じたのだろうか。この時期の女子の結婚年齢はほとんど一定であり、早婚によって出生率が上昇した可能性はまったくない。したがって、出生率の

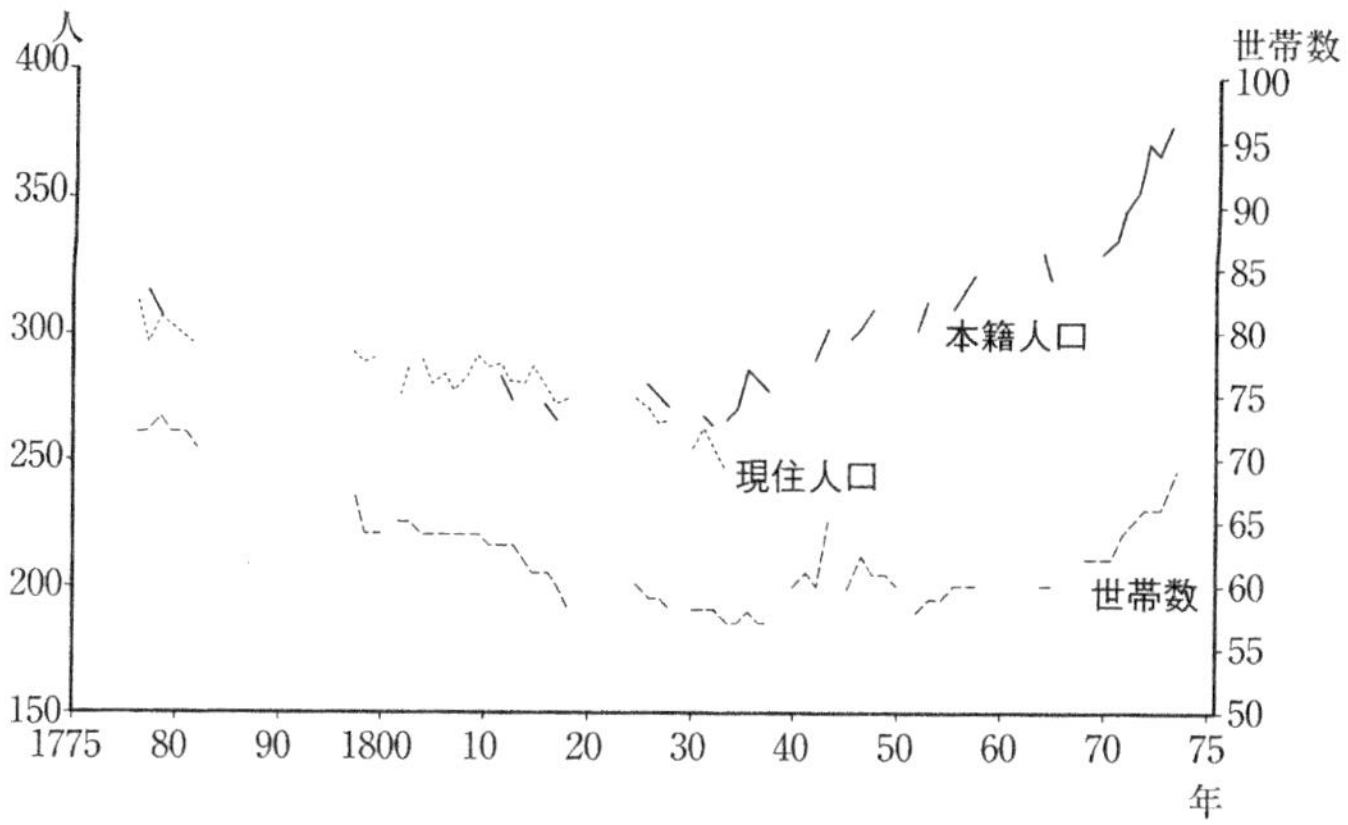

図16　新町村の人口と世帯数

（出典）　浜野潔「徳川後期の農家経済と人口」（『三田学会雑誌』79–3，1986年）61ページをもとに作成．

上昇は、結婚した夫婦がより多くの子供を産んだためということが明らかである。同じ表では、出産可能期間（一六―五〇歳）の女子を分母として出生数を割ったとする「婚姻出生率」を示しているが、普通出生率との相関度はきわめて高く、このことを裏づけている。

　出生率上昇期前後に新町村では、何らかの変化があったのだろうか。天保年間（一八三〇―四四）に行われた農間《のうかん》渡世《とせい》の調査史料には、一八二〇年代から村の中に「反物商い」をするものが出てきたという記載が見られる。反物とはこの地域で「青梅《おうめ》縞《じま》」とよばれた交織《まぜおり》の織物であり、経糸《たていと》に絹を、緯《よこ》糸に綿を用いて、さまざまな模様

表13　新町村の年代別人口変動

年代	本籍人口増加率	普通出生率	婚姻出生率	平均結婚年齢		出産可能期間(16－50歳)の女子有配偶率
				男子	女子	
1777－1786	－4.7%	22.5‰	132.2‰	27.1(19)	21.3(20)	66.9%(640)
1787－1797	—	—	—	—	—	—
1798－1810	2.1	25.1	147.5	26.3(38)	22.1(39)	69.0　(694)
1811－1820	－7.2	21.3	131.8	26.1(11)	22.9(14)	64.2　(758)
1821－1830	－0.4	19.8	142.5	23.8(22)	22.6(26)	57.8　(669)
1831－1840	8.2	31.8	195.9	26.7(20)	23.1(26)	66.4　(607)
1841－1850	7.6	31.7	193.5	25.1(16)	22.7(21)	71.6　(661)
1851－1860	6.8	22.8	144.8	26.3(23)	22.2(26)	71.9　(701)
1861－1870	11.1	32.5	195.9	25.4(35)	22.3(41)	60.4　(806)
普通出生率との相関係数	0.801*	—	0.965**	0.079	0.305	0.175

（出典）　浜野潔「徳川後期の農家経済と人口」（『三田学会雑誌』79-3, 1986年）61ページをもとに作成.

（註）1　「平均結婚年齢」欄の男子年齢は明らかな再婚および41歳以上を，女子年齢は明らかな再婚および31歳以上を除く.

2　「出産可能期間の女子有配偶率」欄の数字は母数（人年）を意味する.

3　「普通出生率との相関係数」欄の*を付した数字は5％水準で統計的に有意な差を，**を伏した数字は1％水準で統計的に有意な差を持つ.

を織り出すという特徴を持っていた。一八二九年（文政一二）には青梅縞の定期市開催をめぐり、新町村と青梅村の間に大規模な紛争が発生する。この紛争は、結局、一〇年にわたって続き、代官所の裁可により青梅村の勝訴で決着したが、この事件は新町村周辺で青梅縞の生産が盛んに行われるようになったことを間接的に物語っていると思われる。

新町村の出生率は、一八五〇年代には、いったん低下するが一八六〇年代には再び上昇した。一八六〇年代には人口増加率はピークに達したが、この時期は婚姻出生率の上昇とともに、村内での分家と家の再興も増加している。つまり、新しい世帯を構えるとともに、より多くの子供を産む条件が整ったのである。では、このような変化は、世帯レベルの青梅縞生産と直接、関係があるといえるだろうか。

新町村には一八七二年に作成された「土地産物取調帳」という文書がある。残念ながら、二分冊のうち一冊のみしか残されていないが、この記録は世帯ごと物産を調べて書き上げたものであり、府県別にまとめられた物産表の原票と思われるものである。この史料を一八六六年（慶応二）から一八七八年の人口史料と突き合わせることにより、青梅縞を作っている家（記載最低量は一〇〇反）と作っていない家で婚姻出生率がどの程度違うのかを示したのが次ページの表14である。持高一〇石以上の地主層を除いた残りの三〇世帯を持

表14　新町村の青梅縞生産有無別の婚姻出生率

青梅縞生産	世帯数			婚姻出生率	出産可能期間の、のべ年数
	持高3石未満	3石－10石	10石以上		
あり(100反以上)	3	4	(3)	254.2‰	59.0
なし	12	11	(0)	177.1	267.5

(出典)　浜野潔「徳川後期の農家経済と人口」(『三田学会雑誌』79-3, 1986年) 64ページをもとに作成.

(註) 1　本表のデータは明治5年(1872) 4月『土地産物取調帳』の記載による.

2　「10石以上」欄の世帯数は特高の効果によるバイアスを防ぐため, 婚姻出生率の計算より除く.

3　「婚姻出生率」欄の数字は1866-1878年における10石未満の世帯の婚姻出生率. 5%水準で統計的に有意な差を持つ.

高三石で上層と下層に分けた場合、青梅縞生産者は均等に分布しており、土地の所有規模とは独立であることがまず確認される。一方、婚姻出生率は明らかに青梅縞生産者の方が高く、この差は五％の確率で統計的に有意である。つまり、新町村では織物生産所得が明らかに出生率の上昇に結びついており、人口増加をもたらしたということがデータのうえでも確かめられた（浜野潔「徳川後期の農家経済と人口」）。

もちろん、新町村の事例はたった一つの村のケースであり、早急な一般化は慎む必要があるだろう。しかし、黒須里美は同じ多摩地域の三五ヵ村の戸籍を用いた分析において一八六〇年代に出生率が上昇していること、また、持高による階層差が次第に弱まってゆくことを明らかにしている。

この結果は、織物業や養蚕業の拡大が出生率に結びついたという仮説と整合的であり、一つの補強材料といえそうである（「近代移行期における出生と経済」、「近代移行期における結婚と出生の地域差と階層差」）。

人口から見た「近代」日本の始まり

幕末維新期における人口増加が二段階の上昇であるということを米沢藩と多摩農村の事例を使いながら観察してきた。いずれの人口増加も、地域外のマーケットをターゲットにした新しい産業の勃興をその背景にしている。米沢織も、青梅縞も、あるいは生糸や、蚕種の生産も、国内外の新しい市場への販路が確立したことがその発展につながったのである。

ただし、こうした農村工業化のみが人口増加の要因であったと結論づけることは、やや短絡的といえる。一八七〇年代の地域別人口統計と産出高統計を地域別に分析した斎藤修は、「農産加工業と人口増加との間に高い相関は存在したが、農産加工品産出高レベルが同じ場合、田畑比率の高い、水田稲作により有利な地域のほうが、典型的なプロト工業化地域よりも人口増加率は高かった」ということを明らかにしているからである（『プロト工業化の時代』）。つまり、より重要なことは、農業だろうと、農産加工業のようなプロト（原基的）工業化であろうと、域外に市場を見つけて移出あるいは、外国への輸出に成功して、所得を増加させることができたのかということなのである。

一九世紀における第一段の人口増加と第二段の人口増加では、その販路のあり方に決定的な違いがあったことにも注目すべきだろう。一九世紀初頭に始まる北陸・出羽の人口増加は、西廻り海運という日本海側の輸送路の活用なしには実現しなかった。その意味では、あくまでも伝統的な江戸時代の流通ネットワークの枠組み内で生じた変化だといえる。

一方、一八六〇年代に始まる東東北の南部、西関東、東山地域の人口増加は、江戸時代の流通ネットワークが突如として断ち切られたこと、すなわち、横浜開港により世界規模の市場とつながることによってもたらされた。もちろん、横浜から直接に輸出された商品は、生糸・茶・蚕種など一部の物産に限られている。しかし、こうした「世界商品」を生産する地域の周辺——たとえば、多摩・新町村のような場所——でも、さまざまな財・サービスの生産が刺激され、新たな経済発展のスタートが切られていた。そのような意味からすると、「空白の四半世紀」のほぼ真ん中、一八六〇年代に始まった人口増加は、まさに「近代」日本の始まりを意味する大転換だったといえるのである。

人口減少社会をどう生きるのか――エピローグ

人口減少社会の始まり

二〇〇五年（平成一七）一二月、厚生労働省は人口動態統計の推計値を公表し、一八九九年（明治三二）の統計開始以来初めて出生数が死亡数を下回り、人口の自然減が始まる見通しであることを発表した。日本もいよいよ「人口減少社会」へと突入したことが公式に確認された瞬間である。

考えてみれば、この一〇〇年あまりの日本には、何度か繰り返された戦争や伝染病の流行など死亡率が急増するような出来事がいくつもあった。それにもかかわらず、出生がつねに死亡を上回り、人口は一貫して増加し続けてきたのである。

長いこと日本の人口学者が取り組んできた課題は今日のような人口減少問題ではなく、

むしろ人口過剰という問題の方だった。戦前の日本で植民地建設が国策として進められたことには人口過剰が強く意識されていたという背景があったし、また、国をあげての移民政策も高度成長の前まで続いていたのである。

一九七〇年代に石油危機が起きると、ふたたび人口過剰への懸念が高まることになった。鬼頭宏は、一九七四年（昭和四九）六月に発表された戦後二回目の人口白書『日本人口の動向』に「静止人口をめざして」という副題がつけられ、さらなる出生率の低下がめざされていたことに注目している。同年七月に開催された第一回日本人口会議では、大会宣言として「子供は二人まで」を盛り込み、マスコミもこれを大きく取り上げた。鬼頭は、国民の中に人口抑制という意識が浸透したことが、一九七五年から始まる出生率の持続的な低下につながったと指摘する（『［図説］人口で見る日本史』）。

一・五七ショックと「少子化」

石油危機以後の日本では、合計出生率はゆるやかに低下していたが、大きな注目を浴びることはなかった。この間においても出生率はつねに死亡率を上回っていたので、人口増加が依然として続いていたからである。一九八四年に総人口は一億二〇〇〇万人を突破し、八〇年代後半にはバブル景気が始まった。日本人の誰もがバラ色の未来を信じていた時代である。

風向きが変わり始めたのは、一九九〇年のことだった。ちょうど発表された八九年の合計出生率が、それまで最低だった六六年の「ひのえうま」の一・五八を下回り、一・五七を記録したのである。民間のシンクタンクが悲観的な未来予測を発表したこともあり、いわゆる「一・五七ショック」が日本中を駆け巡った。九一年には政府内に「健やかに子供を生み育てる環境作りに関する関係省庁連絡会議」が設けられ、出生率の動向を踏まえた対策の立案が決定された。この方針は、三年後に「エンゼルプラン」として実行に移されることになる。

一方、一九九二年に経済企画庁が発表した『国民生活白書』は、副題に「少子社会の到来、その影響と対応」をうたい正面からこの問題を取り上げた。実は、「少子社会」「少子化」という用語はこの白書で始めて使用されたことばである。「少子」は漢語の意味からいうと、一番小さい子、つまり末子のことを指すものなので、実際には誤用であったというべきだろう。しかし、出生率の低下に危機感が広まるにつれて、この問題を分かりやすく伝える用語として急速に市民権を得るようになり、今日では学術用語としても広く使用されている。

こうして、日本中が危機感を深める中においても政府は一貫して「少子化」は一時的現象であり、やがて出生率はゆるやかに回復するという立場を維持していた。少子化の主因は、女性の社会進出に伴う晩婚化であると考えられていたので、いずれは結婚・出産が増加するという予想を立てたのである。しかし、将来の出生率は年金財政など経済予測の基礎となる重要な数値であり、次第に政治的な性格を帯びつつあったことにも注意すべきだろう。出生率の将来予測は、地味な研究の世界だけにとどまらず、きわめてセンシティブな数値として、強い関心の的となったのである。

出生率の低下と家族類型

少子化は日本独自の用語であるが、実際には同じような現象が世界各地で進行していた。日本の周辺国の合計出生率を見ると、台湾(一・〇〇)・香港(一・〇二)・韓国(一・二二)の三ヵ国はいずれも日本(一・二七)を大きく下回り、少子化の進行が激しい(台湾は二〇〇九年の政府発表、それ以外は二〇〇八年版の国連人口推計による)。

また、ヨーロッパにおいても合計出生率の低下が著しい国は多い。人口の多い国に限っても、ポーランド(一・二七)・ウクライナ(一・三一)・ルーマニア(一・三二)・ドイツ(一・三二)・ロシア(一・三七)・イタリア(一・三八)などは、日本とあまり大きな差のない少子化の国といえるだろう。

しかし、ヨーロッパの先進国には合計出生率が比較的高い国があることも、また事実である。フランス（一・八九）・イギリス（一・八四）は、明らかに出生率が高く、また、人口規模はそれほど大きくないが、北欧のノルウェー（一・八九）・スウェーデン（一・八七）・フィンランド（一・八三）もほぼ同レベルである。また中欧のベルギー（一・七七）・オランダ（一・七四）もそれほど少子化は進んでいない（同じく二〇〇八年版の国連人口推計による）。

このような国別の出生率水準の違いを説明して世界的な注目を集めたのは、フランスの歴史人口学・家族人類学者エマニュエル・トッドである。彼は、世界の国々の家族類型を分析することで、さまざまな社会のあり方が説明できると主張する。彼の議論を一躍有名にしたのは、家族類型に識字率と宗教という要素を加え、ヨーロッパ全体を四〇〇以上の地域に分けて分析した大著『新ヨーロッパ大全』（一九九〇年）である。トッドによれば、親の権威があまり強くない「平等主義核家族」の地域で脱宗教化が最初に生じており、この地域をさらに識字率の向上に成功した地域と重ね合わせると、フランス北部が浮かび上がるという。この地域こそ、世界で最初の出生率低下が生じた場所であり、やがてそのエネルギーがフランス革命へとつながったという大胆な仮説を発表した。

さらにトッドは、ドイツ・イタリア・日本・韓国など、ヨーロッパでもアジアでも出生率の低い地域は、「直系家族」型の家族類型の国であることに注目する。これらの国々では、親が子供に対して権威的で同居率が高く、家系を重視し、子供の教育に熱心であるという特徴を共有している。また、家系を重視するため、結婚外から生まれる子供を許容しない傾向が強い。したがって、子供を生むためには、まず結婚することが前提となるので、晩婚化が進めば進むほど、出生率は低下するというのである。

これに対して、フランス・イギリス、あるいは北欧の国の一部では、「核家族」型の家族類型が広がっている。この地域では、親子関係より夫婦関係が重視され、結婚した子供は親とは一般に同居しない。また、家系が重視されず個人主義的な傾向が強いので、保育施設などを活用する育児の社会化も容易に実現した。さらに、未婚のまま婚外子が生まれることにも抵抗がないことも、出生率を相対的に高めているのだという。

少子化対策が政策課題となった一九九〇年代後半以降、日本がそのお手本と考えてきた国の一つは——トッドによれば家族類型が日本とまったく異なる——フランスであった。フランスの合計出生率は一九九四年には一・六五にまで落ち込んだが、その後、出生率は大きく反転し、ヨーロッパでも最高レベルへと回復している。近年、フランスでは、家族関係の社会支出を増やしたり、柔軟な育児休業制度を用意したり、あるいは、事実婚への差別撤廃などに取り組むといった政策が促進されてきた。事実婚の差別撤廃は、婚外子の割合を出生全体の五割強にまで高めたが、この点も出生率の上昇に大きな役割を持ったとされている。

しかしながら、こうしたフランス流の政策を日本にそのまま移せば同じような効果が期待できるかどうかということは、また別問題である。日本においても、近年、「子ども手当」や、男性の育児休業の問題などが大きな話題になりつつあるが、背後にある家族類型の問題との関係が十分議論されているとは、必ずしもいえない。これからの人口政策においては、ドイツやイタリア、あるいは、アジア諸国のような「直系家族」型社会との比較も見据えて、より現実的なメニューを検討することが必要なのではないだろうか。

現代の鏡としての江戸日本

少子化問題は、こうした世界的な人口構造比較への関心を呼び覚ます一方で、過去の日本へ目を向けさせるきっかけも与えてきた。少子化という点でもっとも注目を集める歴史的過去は、いうまでもなく「江戸日本」だろう。江戸時代は現代と比較すれば、出生率・死亡率ともにずっと高い「多産多死」の社会であり、その点ではまったく今日と異なる社会である。それにもかかわらず、歴史人口学の研究は江戸日本の人口がいくつかの点で現代日本と共通点を持っていることを明らかにしている。

第一の共通点は、江戸時代を通じて結婚年齢が比較的高い方向へとシフトしたということだろう。近世中期においては初婚年齢には、大きな地域差があり、とりわけ東北地方では男女とも際立って低い状態にあった。しかし、後期から幕末にかけては、どの地域においても初婚年齢の上昇が顕著だった。このような結婚年齢の上昇には、労働のあり方が大きな影響を与えたことが明らかにされている。中央日本では都市化が進行したため、多くの者が都市への出稼ぎを経験することになった。出稼ぎ経験は、初婚年齢と明らかな正の相関を持っており、晩婚化を促したのである。一方、東北から関東にかけては、幕末期に養蚕や織物業など農村工業が発達した地域であるが、こうした農村工業は世帯内の副業として行われたため、女子の結婚をそれだけ遅らせる効果を持ったと考えられる。幕末期には、出生率の上昇を通じた人口増加がスタートしたが、この時も結婚年齢が低下した形跡はまったくない。おそらくは、間引きの減少や、女子の健康水準の向上により婚姻内の出生率が上昇したことが人口増加の要因だったと考えられる。

第二の共通点は、理想の子供数が庶民の間においても意識されており、出産が合理的にコントロールされたと考えられることである。この点においても、地域差はきわめて大きなものがあった。中央日本では合計出生数が八人近いレベルに達したところもあったが、乳幼児の死亡率はまだまだ高く、また、都市への出稼ぎが盛んに行われたため、極端な人口増加が生じることはなかった。一方、自然条件の劣る東北地方では、生存子供数を三人程度に抑えるような出産制限が行われていたと考えられる。死亡率を考慮した合計出生数はもう少し高いレベルにあったが、それでも人口再生産に十分な水準とはいえなかった。そのため、多くの藩では出産制限を防止するための手段を講じている。その中には、現代の「子ども手当」に相当するようなものもあったが、実際に出生率の上昇が実現したという証拠は見つかっていない。というのも、出産制限は子育ての費用が足りないために行われたわけではなかったからである。むしろ、理想とされる子供がもともと少なかったのが出産制限の理由であり、そのような状況下では手当の効果はきわめて限定的だったと思われる。

江戸日本の経験に学ぶこと

こうした現代とも共通性を持つ江戸日本の人口システムは、なぜ幕末期に人口増加をスタートすることができたのだろうか。その中には、現代日本の人口問題解決への何かヒントがあるのだろうか。

幕末期の人口増加は、斎藤修によれば、最初は一九世紀初頭の北陸・出羽において、そして次は一八六〇年（万延元）あたりの東北・関東においてスタートする。人口増加のメカニズムはヨーロッパのプロト工業化期のパターンとは対照的に、結婚年齢の低下ではなく結婚後の出生率が上昇したためであった。日本では大部分の地域で、婚外子の数はきわめて少なく、出産のほとんどは結婚内で行われてきた。つまり、江戸時代の人口システムにおける第一の論点は、どうやって結婚率を高めたのかということだと思われる。

福沢諭吉は米価が上昇すると、結婚が増えるという興味深い関係に気づいた最初の人物であると思われるが（『文明論之概略』）、江戸時代においても結婚には一定の経済条件が必要だということを物語るエピソードである。一八世紀に人口減少問題を抱えた米沢藩が、結婚を奨励する政策に資金を投じたのは、こうした前提条件が強く意識されていたからだろう。すなわち、新婚の夫婦には建築材料、休耕中ないしは耕作を放棄された土地の所有権、そして三年間の年貢免除という特権を与えて早婚を奨励したのである（ラビナ『「名君」の蹉跌』）。

結婚率を高めるもう一つの手段は、再婚の機会を増やすマッチングであったと思われる。江戸時代は、死亡率が高い社会であったので、現代に比べれば、若い夫婦でも死別の可能性はきわめて高かった。とりわけ、妊産婦死亡率の高さは際立っており、妻を失う不幸が頻繁に起こったことは宗門改帳から十分に立証できる。さらに、結婚直後の期間では、離婚率の高さも目だっていた。『女大学』の「子なきは去る」という言説は、西条村のデータによる限りまったくの俗説であり、子供の有無に限らず離婚が生じていたからである。

長門《ながと》国阿武《あぶ》郡紫福《しぶき》村（現、山口県萩市）の江戸時代の「戸籍《とじやく》」は、明治以降の戸籍《こせき》の原型となった長州藩の地方《じかた》文書であるが、この戸籍からは興味深い事実が明らかになる。紫福村における死亡率の上昇は翌年の結婚率を明らかに高めており、再婚が死別の直後に行われたことを示唆していた。さらに、死亡率の上昇は、同時に初婚年齢を高める効果も持っていた。つまり、再婚相手は若い相手ではなく、独身者の中でも比較的年齢の高い者から選ばれていたことを示しているのである。「皆婚慣行」がある社会でも、誰もが若い年齢で結婚したわけではなかった。再婚マーケットは「適齢期」を過ぎた男女がパートナーを見つけるチャンスを提供する効果を持っていたのである。このように、初婚であっても再婚であっても結婚を促進するような人口システムが江戸時代にあったことは、きわめて興味深い（浜野潔「幕末における結婚と出生率決定メカニズム」）。

ところで、結婚後に十分な数の子供を産むためには、それを可能にする子育て環境が十分に整っていることが必要となるだろう。つまり、江戸時代の人口システムに関する第二の論点は、子育てがどのように行われたのかという点であると思われる。江戸時代は基本的には農業社会であったので、大多数の母親は夫とともに農作業に従事することが期待されていた。つまり、労働と子育てを両立させることが絶対に必要だったのである。

江戸時代の家族類型は基本的には、直系家族型であるので、子育てには両親のほかに祖父母も関わっていた。自然条件の厳しかった東北地方は初婚年齢が低いことによって世代間隔が縮まったので、祖父母との同居率が高まる結果となっている。

もっとも、江戸時代の世帯が必ず直系家族型を取ったわけではない。死亡率を考慮すれば、祖父母が全員長生きできたわけでないことは明らかだし、また、後継ぎ以外が分家すれば、世帯構造は最初から核家族型を取ることになったからである。実際、ライフコースの分析を見れば、一時点の世帯構造は思った以上に核家族型を取ることの方が多かったということが判明する。

それでも、子供に年上のきょうだい、とりわけ姉がいる場合、子育ての一部を任せられたことは強調しておくべきだろう。西条村の死亡分析を見ると、子供に姉がいると死亡率が有意に低下したことが判明した。明治期の絵葉書には、子供が子供をおぶって子守をす

図17　子守をする明治期の子供
（放送大学附属図書館所蔵）

る写真が頻繁に登場している（図17）。欧米人の目には珍しいものとして映ったのだろうが、この習慣は子供のサバイバルにとっても十分に意味のある効果をもたらしたのである。

意外なことに、世帯が核家族か直系家族かという違いは子供の死亡率には影響を与えていない。しかし、信濃国諏訪郡横内村（現、長野県茅野市）の宗門改帳を分析したローレル・コーネルによれば、孫と同居している祖母は、同居していない祖母よりも明らかに長生きだったという（コーネル「嫁・姑・姥捨山」）。子育ては、もちろん大きな負担を伴う家事労働だが、同時に子育ては周囲にも幸福をもたらす行為であった。現代のように、妻のみに大きな子育ての負担がかかる社会では、少子化はさらに進まざるを得ないだろう。基本的に直系家族型の類型を持つ日本のような社会では、子育ての社会化には強い抵抗感が伴うことも事実である。家族がうまく子育てを分担していた江戸日本の取り組みを見る限り、たとえば夫の家事・育児への参加を高めることの重要性は、もっと強調されてもよいのではなかろうか。

あとがき

「歴史に名を残す」という言葉がある。古今東西、多くの歴史書の中で主役を務めてきたのは、いうまでもなく歴史に名を残した人びとであった。本書のテーマである歴史人口学とは、いうなれば、残りの「歴史に名を残さなかった」人びとがどのように生きたのかを明らかにする学問分野といえば、分かりやすいだろうか。

日本の歴史人口学がスタートしてから半世紀が過ぎようとしているが、その研究材料である宗門改帳の中に歴史に名を残した人の名前を見つけることはほとんどない。知りうる限りでいえば、京都の宗門改帳に三井家の当主八郎右衛門の名前が見出せる程度であり、これとて実際の住居とは別の、名義上の登録先だということが分かっている。世の中には歴史に名を残さない人の方が圧倒的に多く、実際の歴史を大部分担ってきたのはこうしたふつうの人びとだということを、まさに実感する。

本書は歴史人口学のこれまでの成果にもとづき、どのような「江戸日本」の姿が描けるのかというテーマを追究したものである。日本史研究においてこの時代は、江戸時代のほか、近世・徳川時代・幕藩制などさまざまな名称でよばれてきた。また、その性格をめぐっても、かつては封建制、身分制、搾取と貧困といったマイナスのイメージが強かったのに対し、近年は逆に経済発展、エコロジカルな社会など、プラスのイメージを強調する研究・論調が目につくようになってきた。日本における歴史人口学の創始者・速水《はやみ》融《あきら》は近著の中で、「筆者から見れば、いささか行き過ぎではないか、とさえ思われる評価もあり、今度は江戸時代は決してバラ色一色ではなく、少なからず暗黒面を有する社会であった、と述べざるを得ないような状況になっている」（『歴史のなかの江戸時代』藤原書店、二〇一一年）という危惧さえ示している。つまり、江戸日本を一つの固定的なイメージでとらえることは間違いであり、むしろ、二六〇余年というタイムスパンの中に明るい面も暗い面も含む時代として、さらに狭い国土にもかかわらず地理的にもきわめて多様な時代として理解するべきなのだろう。歴史人口学の研究は江戸日本が、まさにこうした「変化と多様性」の時代であったことをはっきりと示していたのである。

『歴史文化ライブラリー』の一冊として「歴史人口学」に関する一書をという依頼を受

けたのは二〇〇五年のことであり、すでに六年もの年月がたってしまった。本書の執筆がなかなか進まなかったのは、一九九五年から五年間、国際日本文化研究センターを中心に国内外五〇人以上の研究者が参加して行われたユーラシア人口・家族史プロジェクトの分析作業がまだ継続しており、その主要な成果の完成を待ちたかったこと、また、私事ではあるが、博士論文としてまとめつつあった京都の歴史人口学的研究が最終盤を迎えており、その一部も含めようとしたためである。幸いにも、こうした要望をすべてお認めいただいた結果、二〇〇九年末より本格的な執筆に取りかかることができた。

本書にはできるだけ多く、最新の研究成果を盛り込むように努めたが、紙数の関係から割愛せざるを得なかったものも多い。この点に関しては、少し前に学会誌へ展望論文を執筆する機会を得たので、ご参照いただければ幸いである（浜野潔「学会展望・歴史人口学」『人口学研究』四一号、二〇〇七年）。また、家族史の分野では沢山美果子『江戸の捨て子たち―その肖像』（吉川弘文館、二〇〇八年）、太田素子『近世の「家」と家族―子育てをめぐる社会史』（角川学芸出版、二〇一一年）が研究成果の一端を示しており併読をお薦めしたい。

筆者が、歴史人口学という分野に取り組み出して、もう三五年目に入ろうとしている。

この学問へとお導きいただいた速水融先生は二〇〇九年に文化勲章を受章されてからも、なお研究の第一線で奮闘されている。改めて心から感謝の意を表す次第である。

また、本書の草稿に対しては、津谷典子、岡田あおい、黒須里美、高橋美由紀、中里英樹の諸先生方から懇切丁寧なアドバイスを頂戴した。記して厚く御礼申し上げたい。

最後に原稿が遅々として進まぬ筆者をつねに励まし、助言を与えて下さったのは、吉川弘文館編集部一寸木紀夫、伊藤俊之の両氏であった。編集の最終段階で発生した東日本大震災という未曽有の災害の中でも着々と仕事を進めていただいたことに、特に深く敬意を表しながら筆をおきたい。

二〇一一年四月

浜　野　潔

参考文献

磯田道史『近世大名家臣団の社会構造』東京大学出版会、二〇〇三年
岡田あおい『近世村落社会の家と世帯継承—家族類型の変動と回帰—』知泉書館、二〇〇六年
落合恵美子編『徳川日本のライフコース—歴史人口学との対話—』ミネルヴァ書房、二〇〇六年
落合恵美子・小島宏・八木透編『歴史人口学と比較家族史』早稲田大学出版部、二〇〇九年
川口洋・上原邦彦・日置慎治「江戸時代における人口分析システム（DANJUROver.2.0）の構築」『人文科学とコンピュータ』四四巻三号、一九九九年
鬼頭　宏『日本二千年の人口史—経済学と歴史人類学から探る生活と行動のダイナミズム—』PHP研究所、一九八三年（のち、改訂版『人口から読む日本の歴史』〈『講談社学術文庫』一四三〇〉、講談社、二〇〇〇年）
鬼頭　宏「宗門改帳と懐妊書上帳—十九世紀北関東農村の乳児死亡—」速水融編著『近代移行期の人口と歴史』ミネルヴァ書房、二〇〇二年
鬼頭　宏『［図説］人口で見る日本史—縄文時代から近未来社会まで—』PHP研究所、二〇〇七年
木下太志「宗門改帳における出生と乳児死亡の過少登録—日本歴史人口学の残された課題—」『人口学研究』二五号、一九九九年（のち、木下太志『近代化以前の日本の人口と家族—失われた世界からの手紙—』ミネルヴァ書房、二〇〇二年に再録）

京都市編『伝統の定着』（『京都の歴史』六）、学芸書林、一九七三年
黒須里美「近代移行期における出生と経済―同居児法の多摩戸籍への適用―」『麗澤経済研究』一三巻一号、二〇〇五年
黒須里美「近代移行期における結婚と出生の地域差と階層差―単年史料活用の試み―」『統計』六〇巻七号、二〇〇九年
コーネル、ローレル（浜野潔訳）「嫁・姑・姥捨山―一九世紀日本農村における老人女性の差別死亡率―」速水融・斎藤修・杉山伸也編『徳川社会からの展望―発展・構造・国際関係―』同文舘出版、一九八九年
斎藤　修『プロト工業化の時代―西欧と日本の比較史』日本評論社、一九八五年
斎藤　修『商家の世界・裏店の世界―江戸と大阪の比較都市史―』リブロポート、一九八七年（のち、改訂版『江戸と大阪―近代日本の都市起源―』NTT出版、二〇〇二年）
斎藤　修「人口変動における西と東―幕末から明治へ―」尾高煌之助・山本有造編『幕末・明治の日本経済』（『数量経済史論集』四）、日本経済新聞社、一九八八年
斎藤修・浜野潔「徳川農村における再婚と家の継承―美濃国西條村、一七七三―一八六九年―」『国民経済雑誌』一七九巻三号、一九九九年
沢山美果子「仙台藩領内赤子養育仕法と関連史料―東山地方を中心に―」太田素子編『近世日本マビキ慣行史料集成』刀水書房、一九九七年
沢山美果子「妊娠・出産・子育て―歴史人口学と社会史の対話―」木下太志・浜野潔編著『人類史のな

かの人口と家族』晃洋書房、二〇〇三年
杉森哲也『近世京都の都市と社会』東京大学出版会、二〇〇八年
杉山伸也「疫病と人口―幕末・維新期の日本―」、速水融・鬼頭宏・友部謙一編『歴史人口学のフロンティア』東洋経済新報社、二〇〇一年
スミス、T・C（羽賀博訳）「前近代の経済成長―日本と西欧―」社会経済史学会編『新しい江戸時代史像を求めて―その社会経済史的接近―』東洋経済新報社、一九七七年
関山直太郎『近世日本の人口構造』吉川弘文館、一九五八年
高橋美由紀「近世の『人口施策』―二本松藩赤子養育仕法の検討―」『人口学研究』二三号、一九九八年
高橋美由紀『在郷町の歴史人口学―近世における地域と地方都市の発展―』ミネルヴァ書房、二〇〇五年
トイバー、アイリーン・B（毎日新聞社人口問題調査会訳）『日本の人口』毎日新聞社、一九六四年
トッド、エマニュエル（石崎晴己訳）『新ヨーロッパ大全』一・二、藤原書店、一九九二―九三年
津谷典子「イベントヒストリー分析の歴史人口学への応用―近世日本の農村人口のライフコース分析の事例―」稲葉寿編『現代人口学の射程』ミネルヴァ書房、二〇〇七年
友部謙一『前工業化期日本の農家経済―主体均衡と市場経済―』有斐閣、二〇〇七年
中里英樹「リレーショナル・データベースによる定型データの作成―宗門改帳の統計分析のために―」『理論と方法』一九巻二号、二〇〇四年

中村武生『御土居堀ものがたり』京都新聞出版センター、二〇〇五年
成松佐恵子『近世東北農村の人びと―奥州安積郡下守屋村―』ミネルヴァ書房、一九八五年
成松佐恵子『江戸時代の東北農村―二本松藩仁井田村―』同文館出版、一九九二年
成松佐恵子『庄屋日記にみる江戸の世相と暮らし』ミネルヴァ書房、二〇〇〇年
西坂　靖『三井越後屋奉公人の研究』東京大学出版会、二〇〇六年
二本松藩史刊行会編『二本松藩史』二本松藩史刊行会、一九二六年
浜野　潔「徳川後期の農家経済と人口―武州新町村、一七七七〜一八七二年―」『三田学会雑誌』七九巻三号、一九八六年
浜野　潔「幕末における結婚と出生率決定メカニズム―長州藩一農村の人口プロファイル―」『社会経済史学』六〇巻五号、一九九五年
浜野　潔「気候変動の歴史人口学―天保の死亡危機をめぐって―」速水融・鬼頭宏・友部謙一編『歴史人口学のフロンティア』東洋経済新報社、二〇〇一年
浜野　潔「歴史から見た人口減少社会」『環』二六号、二〇〇六年
浜野　潔『近世京都の歴史人口学的研究―都市町人の社会構造を読む―』慶應義塾大学出版会、二〇〇七年
浜野　潔「幕末京都への地理的移動パターン―「生国」の観察を通じて―」『関西大学経済論集』六〇巻二・三号、二〇一〇年
浜野潔・黒須里美「徳川農村は「皆婚社会」か？―生涯未婚率推計の試み―」『統計』六〇巻六号、二

〇〇九年
速水　融「徳川後期人口変動の地域的特性」『三田学会雑誌』六四巻八号、一九七一年（のち、速水融『歴史人口学研究』藤原書店、二〇〇九年に再録）
速水　融「京都町方の宗門改帳―四條立売中之町―」『徳川林政史研究所研究紀要』昭和五五年度、一九八一年（のち、速水融『歴史人口学研究』藤原書店、二〇〇九年に再録）
速水　融「幕末・明治期の人口趨勢―空白の四半世紀は？―」、安場保吉・斎藤修編『プロト工業化期の経済と社会―国際比較の試み―』（『数量経済史論集』三）、日本経済新聞社、一九八三年（のち、速水融『歴史人口学研究』藤原書店、二〇〇九年に再録）
速水　融『江戸の農民生活史―宗門改帳にみる濃尾の一農村―』（『NHKブックス』五五五）、日本放送協会出版、一九八八年
速水　融『近世濃尾地方の人口・経済・社会』創文社、一九九二年
速水　融『歴史人口学の世界』岩波書店、一九九七年
速水　融『歴史人口学で見た日本』（『文春新書』二〇〇）、文藝春秋、二〇〇一年
速水　融「EAPプロジェクト」『人口学研究』二九号、二〇〇一年
速水　融『歴史人口学研究―新しい近世日本像―』藤原書店、二〇〇九年
速水　融編『歴史人口学と家族史』藤原書店、二〇〇三年
原田　泰『日本国の原則―自由と民主主義を問い直す―』日本経済新聞出版社、二〇〇七年
平井晶子『日本の家族とライフコース―「家」生成の歴史社会学―』ミネルヴァ書房、二〇〇八年

フロイス、ルイス（松田毅一・川崎桃太訳）『完訳フロイス日本史』三織田信長篇Ⅲ（『中公文庫』）、中央公論新社、二〇〇〇年

村越一哲「大名家臣の人口学的特徴—経済的困窮仮説の検討・徳島藩知行取の場合—」『社会経済史学』五七巻三号、一九九一年

村越一哲「大名家臣の出生力水準—シミュレーションの結果と系譜データとの比較による検討—」『人口学研究』三〇号、二〇〇二年

安澤秀一「宇和島藩切支丹類族改・宗門人別改・公儀え指上人数改の基礎的研究」『史料館研究紀要』一二号、一九八〇年

藪田　貫『武士の町大坂—「天下の台所」の侍たち—』（『中公新書』二〇七九）、中央公論新社、二〇一〇年

ヤマムラ、コウゾウ（新保博・神木哲男監訳）『日本経済史の新しい方法—徳川・明治初期の数量分析—』ミネルヴァ書房、一九七六年

ラビナ、マーク（浜野潔訳）『「名君」の蹉跌—藩政改革の政治経済学—』ＮＴＴ出版、二〇〇四年

渡辺理絵『近世武家地の住民と屋敷管理』大阪大学出版会、二〇〇八年

Bengtsson, Tommy, Cameron Campbell and James Z. Lee. (eds.) *Life Under Pressure: Mortality and Living Standards in Europe and Asia, 1700-1900*. The MIT Press. Cambridge, Massachusetts. 2004.

Hamano, Kiyoshi and Mary Nagata. "Migration, Mobility and Mortality in Early Modern Kyoto, 1843-

1862", Paper prepared for the Session on Migration and demographic impact at 6th European Social Science History Conference, Amsterdam. 2006

Kurosu, Satomi, Noriko O. Tsuya and Kiyoshi Hamano. "Regional Differentials in the Patterns of First Marriage in the Latter Half of Tokugawa Japan", *Keio Economic Studies,* 36(1), 1999.

Reher, David and Roger Schofield (eds.) *Old and New Methods in Historical Demography.* Clarendon Press. Oxford. 1993

Tsuya, Noriko O. and Kiyoshi Hamano. "Mortality responses to rice price fluctuations and household factors in a farming village in central Tokugawa Japan" *The History of the Family* 6(1), 2001.

Tsuya. Noriko O. and Satomi Kurosu. "Family, Household, and Reproduction in Northeastern Japan, 1716 to 1870", in Tsuya et al. (eds.) *Prudence and Pressure*. 2010.

Tsuya, Noriko O., Wang Feng, George Alter (eds.) *Prudence and Pressure : Reproduction and Human Agency in Europe and Asia, 1700-1900.* The MIT Press. Cambridge, Massachusetts. 2010.

著者紹介

一九五八年、東京都に生まれる
一九八九年、慶應義塾大学大学院経済学研究科博士課程修了
現在、関西大学経済学部教授、博士(経済学)

主要著書
『近世京都の歴史人口学的研究』(慶應義塾大学出版会、二〇〇七年)
『日本経済史一六〇〇―二〇〇〇』(共著、慶應義塾大学出版会、二〇〇九年)
『人類史のなかの人口と家族』(編著、晃洋書房、二〇〇三年)

歴史文化ライブラリー
324

歴史人口学で読む江戸日本

二〇一一年(平成二十三)七月一日 第一刷発行

著者 浜《はま》野《の》潔《きよし》
発行者 前田求恭
発行所 株式会社 吉川弘文館
東京都文京区本郷七丁目二番八号
郵便番号一一三―〇〇三三
電話〇三―三八一三―九一五一〈代表〉
振替口座〇〇一〇〇―五―二四四
http://www.yoshikawa-k.co.jp/
印刷=株式会社 平文社
製本=ナショナル製本協同組合
装幀=清水良洋・星野槙子

歴史文化ライブラリー

1996.10

刊行のことば

現今の日本および国際社会は、さまざまな面で大変動の時代を迎えておりますが、近づきつつある二十一世紀は人類史の到達点として、物質的な繁栄のみならず文化や自然・社会環境を謳歌できる平和な社会でなければなりません。しかしながら高度成長・技術革新にともなう急激な変貌は「自己本位な刹那主義」の風潮を生みだし、先人が築いてきた歴史や文化に学ぶ余裕もなく、いまだ明るい人類の将来が展望できていないようにも見えます。このような状況を踏まえ、よりよい二十一世紀社会を築くために、人類誕生から現在に至る「人類の遺産・教訓」としてのあらゆる分野の歴史と文化を「歴史文化ライブラリー」として刊行することといたしました。

小社は、安政四年(一八五七)の創業以来、一貫して歴史学を中心とした専門出版社として書籍を刊行しつづけてまいりました。その経験を生かし、学問成果にもとづいた本叢書を刊行し社会的要請に応えて行きたいと考えております。

現代は、マスメディアが発達した高度情報化社会といわれますが、私どもはあくまでも活字を主体とした出版こそ、ものの本質を考える基礎と信じ、本叢書をとおして社会に訴えてまいりたいと思います。これから生まれでる一冊一冊が、それぞれの読者を知的冒険の旅へと誘い、希望に満ちた人類の未来を構築する糧となれば幸いです。

吉川弘文館

〈オンデマンド版〉
歴史人口学で読む江戸日本

On Demand

歴史文化ライブラリー
324

2021年（令和3）10月1日　発行

著　者　浜《はま》野《の》　潔《きよし》

発行者　吉川道郎

発行所　株式会社　吉川弘文館
〒113-0033　東京都文京区本郷7丁目2番8号
TEL　03-3813-9151〈代表〉
URL　http://www.yoshikawa-k.co.jp/

印刷・製本　大日本印刷株式会社

装　幀　清水良洋・宮崎萌美

浜野　潔（1958～2013）

ISBN978-4-642-75724-9